JN011913

時給7000円のデリヘル嬢は80万円の借金が返せない。

著・原作 つばき
作画 うなばらもも

24歳のつばきとフーゾクの世界

ころから

男性の産婦人科医に
「あんた、バカ?」と言われ
一度、心が死んだこと
そして自分を愛せるように
なるまでのことを
みんなに伝えたい

あと2カ月で
卒業かぁ
この制服も
最後だな
ぬっ
こんにちは
つばきさん!
うわっ!
誰!?
びっくりした?
私は30代になった
あなた つばきです
え?
どゆこと!?
このままいくと
あなたが経験するかも
しれない未来から
来たの
18年間
色々あったわよ〜
え! くぁwせdr
ftgyふじk…!!
つばき 高校を卒業したら
海外に行こうとしてて
明日学校で進路のこと
友達に話すつもりで
いるでしょ?
なんなの!?
なんでわかるのよ
私がそれを
経験したから
つばきが
歩む道を全部
知ってるの
良かったら
見てみない?

ぜひ 知って ほしいな～！
う～ん 知りたい…かも
でも！
海外は絶対行って 自分の目で 見たいんだよね！
そうだね 海外の体験は つばきにとって 大切なものになるよ この本にはそれらは ほとんど載せて ないんだ
でね それとは別に つばきには 体験してほしくない 世界の話もあるんだ
この本は 私が体験したことが 漫画になってるよ
これから一緒に見ていって そこから新しく 自分の道を探してほしいの
う～ん でも 知ったらこれからの人生が 面白くならない!?
まあまあ これも 一つの可能性として 見ときなよ

はじめに

私の名前はつばき。現在私は30代後半ですが、24歳のときに借金をしてしまい、それがもとで性風俗業界に入り、デリバリーヘルス(※)、いわゆるデリヘル嬢として働いていました。

借金をしたきっかけも、性風俗業界に足を踏み入れたことも、人によっては「くだらない」「他に方法あったでしょ」などと言われるかもしれません。でも、当時の私には、その選択が〝間違っている〟とは思えませんでした。周囲の人間が〝ふつう〟であればあるほど、誰にも打ち明けることはできませんでした。

２０２０年以後、新型コロナの蔓延(まんえん)によって性風俗業界はそのあおりを大きく受けましたが、持続化給付金などの助成対象からは除外。「存在しないもの」とされてしまいました。しかし東京・新宿のトー横や大阪のグリ下と呼ばれる界隈(かいわい)には、行き場を失った若者たちが増加。目の前に性風俗業界の入口があって、簡単に入ることができてしまうのです。

「あんた、バカ?」

デリヘル嬢をしていた25歳のとき、男性の産婦人科医から実際にこう言われました。医者に投げかけられたこの言葉にショックを受けましたし、この上ない社会の矛盾(むじゅん)を感じました。

この本の内容は、学校や今までの生活では知りえなかったことや、知る必要がないとされていることがメインであり、作成にあたって、文章表現や関連語などを含め、10代の方々に読んでもらう本としては、掲載することにたくさん迷いました。正直、書いていて自分自身が恐くなったり、気分が悪くなったりもしました。

それでも、これから大人という自由な世界に入る若い世代の、とくに10代の人たちに読んでほしくて書いています。そして、「知る必要のない世界」を知らずに大人になった人たちにもぜひ知ってほしいのです。私が体験したことはわかりやすい漫画に、今の私から知ってほしいことや当時の感情などについては文章にしています。

冒頭の漫画に出てきた、「つばき」という女の子は、本書の主人公であり、過去の私、筆者のつばき自身です。本当は、著者名や登場する人物、何もかも事実を表現したかったのですが、個人名・法人団体名・家族構成などはすこし変えたりしています。

しかし、この話は私自身の経験であり、すべて実際に体験したことがベースになっています。

何に置き換えたとしても、10代の人たちには、「これらを知ったうえで大人になってほしい」。

それがいちばん私の願っていることです。

つばきの経験を、おおいに活用してください。

そして、現在の「わたし」が、「過去の自分」を許し、愛するために。

2023年冬至の日に

（※）基本的には店舗を持たない性風俗サービスの一種。女性がホテルや自宅などに出張＝デリバリーされることからこう呼ばれる。略して「デリヘル」。

目次

第3章 潜入体験から性売買当事者へ 65

第4章 自分を愛せる人に 103

海外旅行からのリストラ

だって
きっとこれは
今しかできない
旅だもんね!!
こそ
こそ
みんなへ
とくにお母さん
旅に反対してたのに
無理に決めてしまって
ごめんね。
あたしは必ず何か
大きなものを
持ち帰ってきます!
つばき
つばき
いざ世界へ!!
わーっ!
サグラダファミリア
だーっ!
エジプト
わら
わら

ご…ごめんね
ノーマネー！
ノーマネー！
こんな小さな
子どもたちが
物売りなんて…
うちはビンボーだと
思ってたけど
本当は世界から見たら
旅に出られてるって
恵まれてるのか
そうやってつばきは
旅を満喫し
〝今までに
感じたことのない
自由な感覚〟を
体験した
行く先々で
いっぱい友達も
出来た！
コレ
おいし～
宿は主に
素泊まりホテル
全部カードで
決済しちゃった！
キラーン
そして数カ月後
いよいよ
帰国の日…
ただいまぁ～！
あ
おかあ…
やっと帰ってきた！
あんたカードで
どのくらい
決済したか
ちゃんと把握
できてんの⁉
!!
な…何よ
「おかえり」の
ひと言くらい
あっても…
海外での出費は
当たり前でしょ！
娘が無事に
帰ったんだから
それでいいじゃんか！

もういいよ！
今日 旅友と
カラオケ
行くから！
夜10時までに
帰りなさいよ！
あ～もう
ホント
お母さん
うるさいわ～
家の都合で
大学に行けな
かったけど
あたしはひとりで
世界を旅して
人とは違う
経験したの！
そっか～
つばき
次の仕事は
何か探してんの？
友達の会社で
接客事務
募集してたよ
やってみたら？
東京だけどね
まじー！
やるやる
やりますーっ！
東京!?
ヤッター!!
さすがフットワーク軽いね
あたしって
ラッキー！
これで実家とも
オサラバできるわっ
気をつけてね～
またね～
お姉さーん
どうぞ！
げっ
何あれ！
あんな仕事
誰がやるのよっ！
高収入
ぴゅ～!!

つばき23歳
同じ仕事を
続けていた
上京し実家の
わずらわしさから
解放され
のほほんと仕事(?)
する日々を送っていた
ケーキ
バイキング
行きたいなーっ

休日は
ショッピング
飲み会 etc…
2日酔いも
しょっちゅう

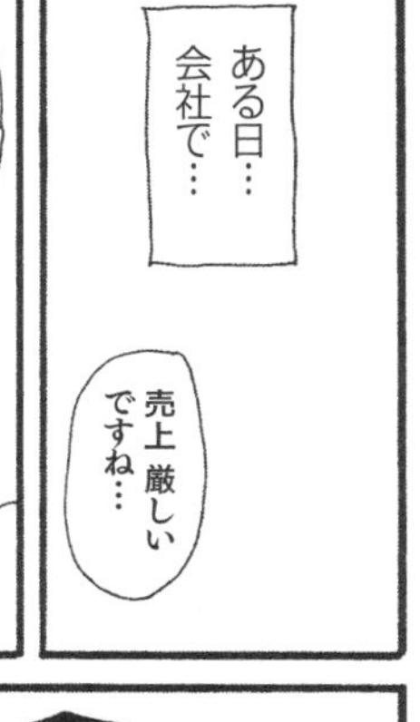
ある日…
会社で…
売上厳しい
ですね…

部長…あのぅ
つばきさんが最近
勤務態度が良くなく
実力があるか
どうかも…
別部署へか
もしくは…
悪いコじゃ
ないんですけど…

なるほど…
そうか
わかった
……
……

翌日
え!?
…

そう…だから
君はね
まだ23歳
もっと他に可能性
あると思うんだよね
うちの会社じゃ
なくても
それって
もしかして…!?

クビって
こと!?
遠まわしに…

こころの悪魔

部長から
急に呼び出されて
一瞬 昇進の話かと
思ったあたし…
なんてバカなの…
こんなことって
あるぅ？
トボ
トボ

不安
不安
不安
不安

それでも何とか
立ち上がり
ハローワークへ
来たつばき
ダメだ…
世界が暗いよ…
あ…
このおっさんも
クビになった
のかなー？

お！
「温泉地の
ホテルスタッフ」
寮あり・食事付き！
これいいかも！
カチ
カチ

東京よりも
「旅気分」で
仕事できる
かもっ
2
この求人
なんですけど
はい

温泉
そして
やったー！
受かって良かったー！
温泉地に来たぞーっ

つばきは
リゾートホテルの
レストランの
仕事に就いた

初めての業種だったがなんとか仕事に慣れてきた
お そのセッティング いいね それでいこうか
あ はい
ちゃんとお客様の目線をわかってるね! ありがとう!
ヤッタ〜
ほめられたぁ!
ちょっとアンタ!
お局
いろいろと勝手に変えられちゃ困るんだから そういうことしないでくれる⁉ 新人のくせに
今までずっとそうやって来たんだからっっ
イラ〜〜
あ〜もぅ 何なのよ!
何でいつもあたしが怒られないといけないのっ!
「今日めっちゃ嫌なことあって ホールケーキどか食いしちゃった〜♪」と
つばきのストレス発散方法はSNS あった出来事はだいたいそこにあげていた

あーあ
なんか…
前の職場に
戻りたいなぁ…
ほめられるのは
嬉しいけど…
ヒソ
ヒソ
ヒソ
正直
居心地が
良くない
それでもつばきは
プライベートを充実させたいと
バイクの教習に通い出した
高校からの夢だった
だから違うって
言ってるだろー!!
何度言えばわかる!!
死ぬぞてめー!!
!!!
なにあの
暴言オヤジ
ふざけんな～!!
2カ月後ー
二度の実地試験
教官を
チェンジしてもらい
やっとの思いで
免許取得した
やれば
できるじゃん
←こころの天使

◉狂い始めた歯車

海外旅行から帰ってきたと思ったら、親元をすぐに離れたつばき。上京したはいいものの、仕事は4年でリストラに。そうなった理由は、仕事をしているときに他のことに興味をもち、その仕事に本気になれなくなったからなんだ。今就いている仕事以外に興味をもつのは悪いことじゃないと思う。ただし、仕事に支障をきたさないようにしなきゃね。

会社は経営が悪化すると、そこで働いている人を見直さないといけなくなるんだ。それは、会社の人がやりたくてやっているわけじゃない。時代が変わっていっている証。私も、2020年のコロナ禍においてさらに転職を経験している。おかげさまで良い仕事に就き、自分の興味のある分野に身を置いているよ。だから、何も不安に感じる必要はないんだ。

ともかく、リストラされたつばきは、地方へ行ってリゾートホテルの仕事に就いた。

当時のつばきは、正直、「これくらいなら自分でもできる」とその仕事をなめていて、自分は周囲の人とは違うと思っていた。職場に不満をもちつつも自分の趣味を見つけて楽しんでいた。しかし、自分の器の大きさはわからず、自分を客観的に見れていなかった。

これが人生の転機の始まり。社会に出て、いろいろな人と出会って関わり合いをもつことが刺激的、そんな毎日だった。それでも、やっぱり考えは甘く、そこで歯車が狂い始めるとは思いもしなかったんだ。

第1章

エステからのネットショップ詐欺（さぎ）

つばきはエステへ通いたくなった。
それはなんと彼氏ができたからだけど……
お金の管理が苦手なことが原因で
とんでもない方向に！

彼氏できたし、エステ行こう

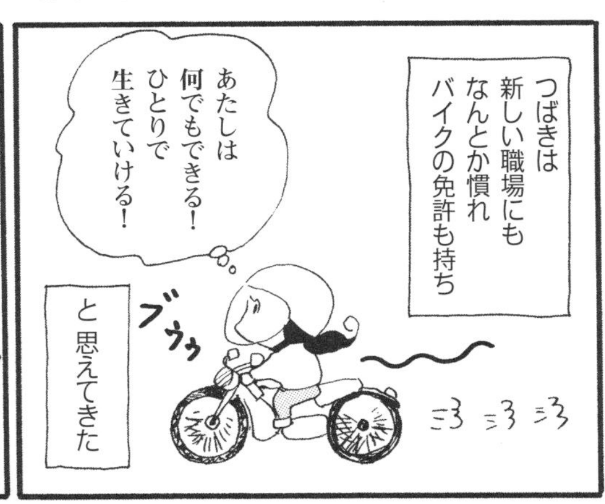

友人に相談すると
医療系の美容外科が
いいと勧めてくれた
つばきは とある
クリニックへ
走った
○○クリニック
ニキビ早く
治したーい！
…と～
化粧水と～
乳液～
この化粧水は保湿力が
高くタレントの○○さん
愛用として雑誌に
取り上げられたんです！
今なら
脱毛もセット
していただいたら
キャンペーンで
このコラーゲン
美容液も
ペラ ペラ ペラ
え、
値段…
上がんの？
せっかく
彼氏が
できたんだっ！
この幸せを
逃したくないっ!!
やります！
全部やりますっ！
キレイに
なりたいりたり
ですっ!!
では
お申込書が
こちらです
金額なん
ですがぁ～

30万円となります
ローンも使えますヨ♪
なんとそこは高級エステサロンだった
入る店を間違えていた
!?
それでもつばきはせっせとエステに通った
あたしと彼のためよ30万くらいどうにかなるわ
そういえば…
こないだ会ったのホテルだったっけ？
HOTEL
あれ その前も？
HOTEL
あれ 前の前も？
外でデートしたのって
無料の動物パークとホームセンターくらいじゃない？デートってこんなもんなのかな？
翌日
ねぇ～ 今度花火見に行こうよ！

え？
あーっ！
コレ見たかった
やつだ
ハハハハハ！
ヤベ〜録画
しよっかな
……
……
またか…
こんなもの
なのかな？
男って
そうだよね〜！
あ〜
なんだかな〜
久々にみよこに
電話でもしてみよっ
ごろ〜ん
みよ子は
高校同級生
あ〜つばき！
久しぶり〜
元気元気！
そっちはどうなの？
い〜な〜温泉！
久々に話して
元気出たな〜
彼とは会話が
できない…
価値観も
合わない…
だが
SNSでは
幸せそうに
見せていた
「今日は彼と植物園！
お花きれいだった♡」
…と
本当はひとり
だったけどね
…これって
付き合ってるって
いうのかな？
更新！
つばきは日々
ストレスを
溜めていた

つばきがエステに通おうとしたのは、「彼氏ができたからニキビをなくしたかった」。好きな人のために外見を磨くことは悪くないけど、それ以前に大事なことはパートナーといつでも自分の考えや感情をお互いに出し合えて、笑いあえる関係になること。だから、彼氏に好きになってもらうためにエステに通うより、自分のためにエステへ行くほうがいいよね？　30代の私の経験上、ありのままの自分を好きになってもらうことは、実は難しくなかったんだ。

ちなみに、つばきが当時行っていたエステは、若い女の子というよりセレブ用。生活に余裕のある女性が、しわや脂肪などを取るために通うようなかなり高級な店だったんだけど。当時はほかに行ったこともなかったし、わからなかったんだ。

収入と月々でかかる費用（携帯代や食費など）で計算してみて、言われた金額が払えないようだったら、検討しなおしたほうがいいかも！　他のエステ店と比較してみるのもいいね。エステの店員さんは、ローンを組ませてでもつばきや来た人にきれいになってほしいんだけど、そのお客さんが増えることでそのお店の売り上げになるんだ。

次に、依存（いぞん）って知ってる？　つばきが陥（おちい）ったのは「消費依存」。お金を使うことで、精神的ストレスを一時的に解消すること。少しでもストレスがたまると、またお金を使いたくなってしまう。だから、給料をもらったら、依存しないようにお金を使いすぎていないかを自分で管理し、制御（せいぎょ）しないといけない。

また、安易な気持ちで異性と体の関係をもつことについて。当時は、初体験が遅くなるほどHする機会を逃してしまいそうで不安だった。もし好きかどうかにかかわらず、ずーっと誰ともHができないのなら、友達との会話についていけないし、好きじゃない人とやってもいいかも、と思ってたんだ。
でも、私が30歳を過ぎてから、初めて大好きな人とセックスをしたときは、幸せで感動した。同時に、好きじゃない人とはするべきじゃないとも身をもって理解できた。そのことは、本当に好きな人とHしたことがなかった当時は、わからなかったんだ。

あの時のつばきに伝えたいこと①

- ✓ 本当のパートナーって自分と同じぐらい大切な存在で、一緒にいても疲れない、そんな人なんだよ。
- ✓ お金、きれいな肌、スタイルの良い体、パートナーがいること…そんなものが欠けていても、誰でも自分だけの魅力をもっているって信じて。
- ✓ なにかに「依存」しているときって、なかなか自分では気づけないんだ。

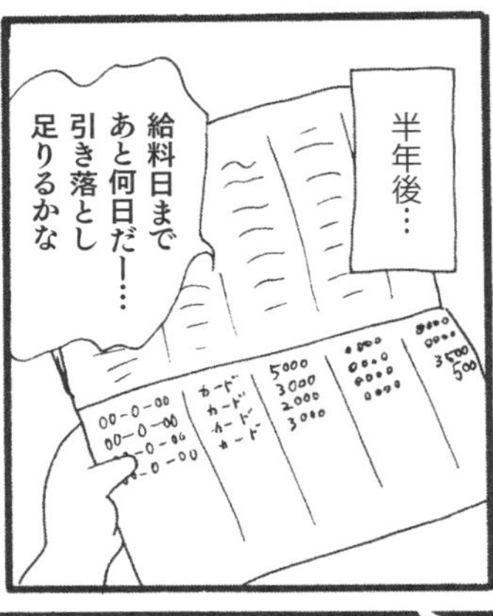
半年後…
給料日まで
あと何日だ!…
引き落とし
足りるかな

エステ代とか
デート代
使いすぎちゃった
かな…
携帯代
払えない!
生活が…
お母さんに
頼ってみる⁉
それだけは
絶対いやだぁ‼
ピルルル
ピルルル
〜
母
090000000

ちょっとつばき!
アンタ!
しばらくだけど
連絡もよこさずに
ちゃんと生活してる⁉
年金なんだけど
未納ハガキが
何枚も届いてるけど
1件ずつでいいから
払いなさいよ‼
お母さんもね
言いたくないのよ
海外旅行のお金
どーなってるの⁉
60万円お母さんが
立て替えてんの
わかってるでしょ⁉
ちゃんと計画立てて
返済しなさいって
何度も…

切‼

くっそ〜
お母の奴!
も〜
うんざりだわ
あたしはもう24歳
エステに行って
何が悪いの⁉
年金なんて
払わなくても
犯罪に
ならないっしょ

清く…
美しく…

「清く 正しく 美しく」
昔 おじいちゃんが
くれた手紙に
書いてた
あたし 今
その通り
生きれてるのかな
おじいちゃん…
うる…
年金や借金から
目を背け
体の関係だけの
彼のために
エステ代を
費やしたつばき
これまでやってきた
ほとんどのことを
誰にも相談せず
自分だけの判断で
マイワールドに
浸っていた
ある日
つばきは
もっと稼ぐ方法を
探していた
ん!? なになに
1カ月以内に
月収30万!!
「副業マスター」
返金保証も!?
あんぱん
こんなに稼げま
主婦のMさん
初めてやってみた
10万円が銀行
今では夫の収
月の生活
すごいっ
ホントにこんなに
稼げるの?
まあいいやとにかく
資料請求だっ
ポチ♪
翌々日
よっしゃ!
資料きたぁ〜
はいっ
もしもし…
プルルル…♪
副業マスターの
鷺田と申します
ちょうど今
資料見てました!!
はい…
はい…
ええ 今実は
借金が
ありまして…
夢?
あります〜!
叶えたいですっ
鷺田という男は
つばきに
いろいろ質問し
親近感をもたせた

ははちじゅう
まんえん!?
すでに借金あるので
そんな金額の入会金
払えないですっ
大丈夫ですよっ!
80歳のおばあちゃんも
それで成功
してるんです!
それは
「インターネット
ショップ」の
設置費用だという
稼げなかった場合って
どーなるんですか!?
稼げないことは
ありえませんが
万が一のときは
8日以内なら
返金できますよ
つばきには
手持ちの
お金などない
手続き楽! 審査不要!
すぐすぐローン
いっちょやってやる!!
鷺田の勧めで駅前の
消費者金融系の
無人契約機へ
向かった
うわ〜!
出た!
80万円だー!
すごーい!
おい待て!
金つくるために
金借りるって
つじつま合わねー
じゃん!
すぐ出てきたっ
万が一のときは
返金できるという
鷺田の営業トークを
信じて申し込んだ
ポチッと〜♪

鷺田に電話で
レクチャーを
受けながら
1カ月頑張ってみた
しかし1カ月で
売上はたったの
150円!
ゲームソフト1個
売れたのみだった

もしもし鷺田さん!
今月150円しか
売上ないですけど
本当に稼げるん
ですか!?
大丈夫です!
この前80歳の
おばあちゃんも…
うんたらかんたら…

また80歳の
おばあちゃん
出てきた!
で
SEO対策って
やってますか?
検索エンジンの
うんたら
かんたら…
き…今日はもう
いいです…

「簡単に稼げる」
なんてウソ
じゃんか!
てゆーか
もしかして
これってこれって

詐欺(さぎ)!?

あぁ~!!
また借金だ!!
あたしもう
生きてけない~~っ!!
大丈夫!
あたしが
いるから
つばきはもはや
借金をはじめ
生活のすべてが
ストレスに…

やってらんない…
飲みにでも行こ…
フラ~
つばき!
金あんの!?

つばき、ピーンチ！　まず、漫画の中のお母さんの言葉や態度について。実は、夫婦で子どもひとりを一人前に育てることって、すごく大変なんだ。子育てができて当たり前ではない世の中。つばきの友達にもいろいろな子がいるよね。環境や教育は家庭によって全然違う。そんな中、両親はつばきの空腹を満たし、暴力も振るわずに一生懸命育ててくれた。私がそれを想像できるようになったのは、周りの友達が親となり一生懸命に子育てをしているから。だから、いまでは両親にすごく感謝してるんだ。

ちょっと厳しいようだけど、親は、浪費生活を送る子どもの心配はしても、自立した後まで援助する余裕なんてほとんどの人はない。実家が大変だとわかっているなら、家を出た時点で自分のことは全部自分でしないといけない。自分を客観的に見てみよう。

それから、ネットで見つけた副業。これは、つばきがやりたいことを探して見つけたわけじゃなく、ただお金が必要で焦って検索したら見つかったんだ。それに、お金が必要なのに消費者金融で80万円借りるって、冷静に考えて矛盾してると思わない？　なぜ借金を重ねてしまったんだろう。つばきは、「2カ月くらいで元が取れるなら大丈夫」「でも誰かに相談すると反対されそう」と思い、この副業を見つけた時点で判断力が麻痺してたんだ。

消費者金融は、クレジットカードや銀行のローンよりも金利が高く、一度高額を借りると全額返すのが難しいしくみになっている。それをお客さんに勧める営業ってどうなの？　実はこの会社の社長ら関係者は数年後に詐欺容疑で逮捕された。商品の在庫はほとんどなく、架空のビジネスだった。最初に察した通り、やっぱりつばきは詐欺にあっていたんだ。

鷺田っていう営業マンが電話でやり方を話そうとしてたよね。それは、あたかもつばきのやり方が甘いと見せかけていただけ。その詐欺のしくみに気づけなかったのは無理はないかもしれない。というのも、つばきは、ネットショップの管理が面白そうだと思い、その分野に少し興味があった。だから営業マンの話を信じたんだ。

高額で形のない買い物は、慎重にやったほうがいい。夢の話でワクワクしてポジティブな気持ちになったり、営業マンにどんな話をされても、形のない買い物だったら、その費用が何に使われているかを想像してみて。

商売の取引には、「クーリングオフ」や「キャンセルポリシー」がある。営業マンはつばきにそれをあえてお金を払う前に説明したんだけど。それは、買う人に安心してお金を払わせるため。でも、その期間内の一週間でその商品をあますことなく使いこなせると思う？　その能力があるなら、元からこの商売道具にお金を出す必要はないよ。で、つばきは返金を希望したんだけど、営業マンからは「もう少し続けてみましょう」ってうまく言いくるめられたんだ。

当時のつばきは「自分は騙（だま）されてなんかいない」と思った。でも、つばきの本心は、「とにかく借金を早く終わらせたい」と焦っていた。だから判断力が失われたんだ。

あの時のつばきに伝えたいこと②

- ✓ お金を借りる時は、返すことを想定して借りよう。
- ✓ 世の中には悪人がいて、常に隣り合わせで生きているんだ。
- ✓ これがないと生きていけない、人に相談したくない、という心理状態のときこそ、悪人につけ込まれちゃうんだ。

✓ 高額の投資（とうし）をする場合、内訳を知っておこう。その投資について周囲の人を説得できない場合は、支払わないで！

第2章 コンパニオンからのデリヘル

借金をつくったつばきは、
知らない世界に入り込む。
そこは本当の闇の世界……
つばきは闇の手によってあるショーケースの中に
飾られてしまうことに!

コンパニオン募集、時給7000円

翌日から
まりな紹介の
バイトが
始まった
つばきは
この職業を侮っていた
まりなにとっては
簡単な仕事だったが…
つばきちゃん！
君かわいいネ！
ぶちゅ
！！？
うおえ〜!!
あんなん
冗談ですむかっ
つーの！
もともと生真面目で
人見知りの
つばきにとっては
受け入れられなかった
チーン
そうだ…
どうせおっさんに
嫌なことされるんだったら
もっと高収入なバイト
探してみてもいいんじゃ…!?
つばきは
もはやヤケクソ
だった
イイネェ
つばきは
スナックを辞め
割の良いバイトを
探し始めた
何か他に
良い収入の
バイト…!!
身売りだけは
やめとけよ〜
高収入をお約束します!!
素人大歓迎!!
秘密厳守
キャバより稼げる
こんな生活
誰にも言えない…
はぁ〜

悩んでることとか
あったら
いつでも相談に
のるよ
無理だよ…

こっちも元気だヨ！
いいな〜温泉
仕事大変そうだね
悩んでることとか
あったらいつでも
相談に乗るよ

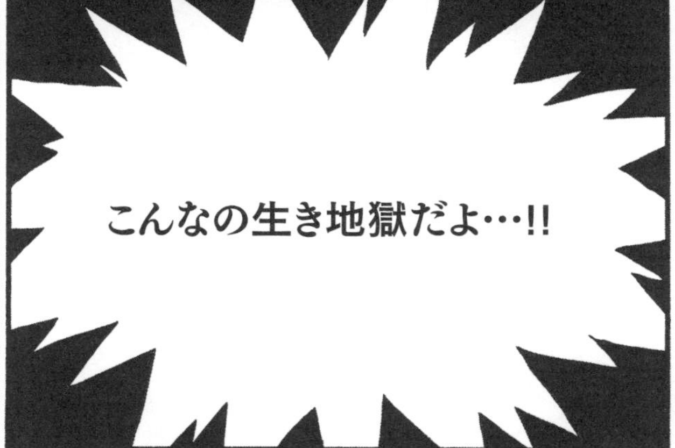
こんなの生き地獄だよ…!!

おいっ つばき
しっかりしろーー！
んもーっ！
なんでおまえは
いつもつばきを
ちゃんと支えないんだ!?

え〜
なんでとか
言われても
知らないよ〜ん
つばきを
楽にして
あげようと
思ってるだけ！

今のつばきは
見てのとおり
ネガティブに
墜ちてってる
私はつばきが行きたい
方向に導いてるだけよ
高収入！
高収入…

え!?
そういうときに
こっちに
引っ張らなきゃ
ダメなんだって…
うるさいわね！
少し黙りなさい!!
あーっ
出せーっ
ぽんっ
なんと時給"7.000円"!!
初めての方も ご安心下さい♪
コンパニオンで稼いじゃおっ。
LOVEてんし
メッセージお待ちしています♡
おおっ!?
時給7000円!?
これってあれだよね
宴会でお酒ついだり
するやつ！
こんなに時給良いんだ！
これならできるかも！
さっそく応募だっ
イイネ〜
翌日 近所の
ファスト
フード店で
面接
どうも
山田です
ウマバーガー
OPEN A.M. 7:00
さっそくだけど
うちでの仕事内容って
どんなイメージしてる？
えっと〜…
宴会とかで
お酒つぐやつ
ですよね？
おじさん
達に…

違うんだ…
「デリバリーヘルス」っていう仕事です
ゴメンネ〜
え⁉
でもセックスは不要！
どんな子でもフェラチオだけで簡単に完了します
げぇ〜〜っ⁉
ふっ風俗じゃんか‼
つばきはこの男を初めは軽蔑した
どうしてうちに問い合わせたの？
えっと借金があって…
なるほど
……
…
…
…
しかし不思議と…
…が…で
つらくて…
つらくて…
うん…そうかそれは大変だったね
うちにはいろんな事情を抱えた子がたくさんいてね…
話しているうちに張り詰めていた心が解きほぐされていったのだ
ずび
ずび
つばき！
あんた今まで母親やいろんな人たちにどんだけ迷惑かけてきたのぉ？
その恩返しが必要なときかもね〜⁉

恩返し…？
そうか…
もう
運命だね！
どう転んでも
この流れには
逆らえないね！
あたし…
どうやったら
償えるの？
業界に潜入して
みたらどう？
真実を自分の目で
確かめて
みたいでしょ？
潜入…!?
風俗はね…
闇なんですよ
客も風俗嬢も
「ふつうの人」は
やらない
だから自分から
言わないかぎり
知り合いにばれる
ことはない
……
万が一
両者が実は
知り合いで
会ってしまっても
客側も
同じレベルで
知られたくない
そういう
「裏の業界」
だから
稼げるんだよ
エーッ
ぶ…
部長〜っ!?
エエ〜
ッッ!?
君〜!?
ゼッタイ
言えない！
…あたし
やります！
この業界の真実を
この目で見て
それをあたしが
発信するんだ！
本当に？
今ならまだ
辞められるよ？
はい
大丈夫です！
わかりました
ではさっそく
テストがあるので
移動しますね
え
テスト!?

感染症のリスク
その後の
人生への
影響…
さまざまな
思いが
つばきの頭を
よぎった
ブロロ〜
何するん
だろう？
じゃあ ここで
フェラチオを
やってみて
ください
え⁉
ちゃんと
消毒するので
大丈夫ですよ
ぬぎ
ぬぎ
最悪だ！
始まってしまう！
この男
狂ってるーっ‼
ふき
ふき
ついに
あたしの人生も
終わるんだ！
仲間ダヨー‼
ケケケ
アイスクリームを
なめるようにね
そう…
裏側を集中して…
なめ
なめ
なめ
社会の闇に
存在する世界
それが
風俗業界
うっ…
は〜
…はい OKです
入店祝い金
3000円を
渡しますね
う〜
気分悪…
名前は「ルル」に
しましょう
明後日から入れる？
つばきは
ここまで
来たことを
実感した

●決意した心理

「この闇の世界を見て、発信する」。入店祝い金の3000円を手にしてそう決めたつばきは、その業界の残酷さを実体験することになる。

つばきは「コンパニオンのバイト」がデリヘルの勧誘だと気づいたとき、それまでのお金を使いすぎたことがフラッシュバックした。自分がここまで来たのか！　と、自分の崖っぷちの状況に気づいたんだ。コンパニオンは「お酒をつぐ仕事」と思っていたから、それで借金の全額を返すつもりだった。でも、そのときはすでに視野が狭く、どん底の精神状態。漫画に出ていた感情に加え、スカウトマンの山田と面接で対面したとき、自分の罪を償おうと思った。それと同時に興味本位で「いっそのこと、その世界を語る人間として生きるのもありだ」と考え、この状況を記録することに決めた。それしか進む道はないと思い込んだ。重ねた借金、今の生活、そしてこの状況。全部誰にも相談できなかった。

山田はつばきに共感し、最終確認もしていた。彼はそうやって、つばきが自分で選んだかのような流れをとっていた。いろいろな勧誘方法があると思うけど、この方法も業界への勧誘の手口のひとつ。業界にまったく関わりのなかった若い女性を取り込む一歩目の場面。そして、すぐに実技テストを行うのは、本当の接客までのハードルを下げてやる気をつけ、帰ってから気が変わるのを防ぎ、女性を逃がさないためなんだ。「やってみる口実が欲しい」「知らない世界を知ってみたい」そんな気持ちを後押しするのがスカウトマンの役目。

面接は、はたから見るとファストフード店で行われるふつうの面接。私は今でもカフェで「となりの会話はあの面接かもしれない……」と思うことがあるよ。そして、山田は面接の時にわざわざつばきの住んでる場所まで出向いてきてた。それがもし一般的な就職なら、面接で、たったひとりのために雇い主から来ることはない。そんなおいしい話はないんだ。

●「コンパニオン、時給7000円」の正体

つばきは、SNSの求人を見た時点ではその店がデリヘルだとわからなかった。性風俗業界に入った女性の中には「割のいいバイトと聞いただけ」という流れで入る人も多い。山田がつばきにコンパニオンの実態を打ち明けて、話を聞きながら、つばきは「こうやって女性を勧誘するんだな」と思ったんだ。

今では、この求人はSNSのほかに、音楽を鳴らして街中を走っている「アドトラック（宣伝カー）」もあるよね。それらで求人募集されているのは、ガールズバーなどの店員の体入（体験入店）。クセになるような宣伝音楽を子どもがマネして歌うほど、その入口の敷居は低くて多い。ガールズバーって聞くと、カウンター越しだし安全って思えるかもしれないけど、問い合わせると実際はキャバクラやセクシーキャバクラの方が圧倒的に多いんだ。

つばきは高校生の時も成人してからも、歓楽街の近くを通ってはそこを見て見ないふりをし、自分からは近づかなかった。今回つばきが見たコンパニオンのバイト募集はSNSで見つけたものだった。SNSという入り口に完全に油断してたんだ！　実際、「コンパニオン」とは、接客する女性のことで、世間では主に旅館などに出向いて接待をする女性をさす。つばきが想像した内容は正しいけど、デリヘル店の表現としても間違ってはいない。

前回のインターネット詐欺のときと今回のSNS、どちらもネット検索だね……。「お金稼ぎ」「高収入」「副収入」などの単語でネット検索すると、どんなものが出てくるかがこれでわかるよね。だから、近道を探そうとはせずに、興味のあることを収入に繋げて金銭問題を少しずつ解決していけばいい。ただ、使い込んだ分を取り戻すための努力や我慢もときには必要だよ。でも、両親や友だちに言えないような方向に自分を連れて行くことは解決にならないんだ。

●業種の実態

風俗とは、もともとは「風習」とかとおなじ意味。でも今は「性風俗」が略されて風俗と呼ばれている。なんとなく「フーゾク」と書く方がしっくりくる？　ともかく風俗にはさまざまな業態があり、歓楽街に多く存在している。その中での「デリヘル」は無店舗型のため、繁華街かを問わずにどこにでもあるんだ。

世の中には、ガールズバーなど、若い女性がお酒をつぐだけの店もある。それらは「酒類提供飲食店」という種類で営業許可を得ている。でも実際その中には、セクキャバ（セクシーキャバクラ）などの女性が下着のような衣装でお酒をついだり体を触られる店もある。店の中を暗くして性的なサービスを行うピンサロ（ピンクサロン）も同じ「酒類提供飲食店」として許可を得ている。中にはほぼ公然と売春が行われる店があり、それが「料亭」や「マッサージ店」として営業許可を取っている。日本に「売春防止法」があるのに、こうやって営業許可を得ることで風俗業者が存在できてしまうんだ。

例えば、一般的な就職活動の面接では、就職から就職までの「空白の期間」について問われる。

だから、なんと、デリヘル店のオーナーは女性が次に就職するときのための履歴書の書き方（デリヘル店でなくマッサージ店の屋号など）まで教えるほど巧妙なんだよ！

●闇の業界

漫画でスカウトマンの山田は、「これは闇の業界」と言っていたよね。それは、世間一般的に「裏社会」や「反社（はんしゃ）」と呼ばれ、いわゆる犯罪組織のこと。闇の業界のほとんどに暴力団が関係していて、日本では東京都新宿区歌舞伎（かぶき）町が最大の拠点と言われている。山田は、つばきにわからないように「闇」という言葉を用いたんだ！

そのような闇社会と関わりのある性風俗。単に「いやらしいから」だけではなく「闇」という言葉を置き換えると「裏社会＝犯罪行為」「売春（買春）＝売買禁止の市場（違法）」なんだ。

この業界は、よく知らない人が関わりたくなる「人の心理」を突き、脱法的に存在している。誰もが出入り可能な、囲いの見えないタブーの領域。それが、山田の言っていた「闇」。やると決めたら引き返せないようになっているんだ。

つばきはあのとき、「闇」の意味がモヤッとしたものに包まれていた。秘密にしないといけない仕事って、興味深くて、なんならちょっとかっこよく聞こえた。その意味は闇に包まれたまま、この本が生まれるまで長い月日が流れたんだ。

現在、性的な店の看板やサイトの多くが裏社会に繋がっている。入ってしまうと、店の人は「最初に君から興味をもったんだよ？　君のためにこちらもリスクを飲んで頑張る」という逆のスタンスで構えているんだ。

つばきは、性行為や性風俗に関わることを知らなくていいことだと思い、そのまま大人になった。確かに、その内容は教育課程に出てこないし、自分から尋ねないかぎり教えてもらえないのが現状。社会は、それらを未成年や女性は大人になっても知るべきじゃないというスタンスでいるんだ。

私は、未成年や女性も性行為のことを避けずに正しく理解するべきだと思う。むしろ、男性、女性、みんな生きていくうえで必要なことだから、つばきをふくめ若い人たちには詳しく知ってほしい。それはけっして悪いことばかりじゃない。つばきは当時、そういうことを知りたい気持ちもあり、やろうと決めたんだ。

あの時のつばきに伝えたいこと③

✓ 性風俗の求人は、求人情報のページにその仕事内容が書かれていないんだ。

✓ 物事には何でも、表と裏がある。「裏」はいつも見えにくいけど、たまに少しだけ見える。社会にも、「表」と「裏」があるんだよ。

翌々日
これから
待機所を
案内するね
ここの部屋ね
はい…
みんなここで
仕事が入るまで
待機しています
ちなみに隣は
オーナーの
事務所だよ
じゃあ オーナーを
呼んでくるから
中で待っててね
あっ…
こっこんにちはっ
はじめまして
ルルですっ
あははははわ〜

はっ
旅で出会ったエジプトの子どもたちが脳裏にっ…
今目の前には死んだ魚のような目をした女の人たちが
この先進国ニッポンでこんな状況を目の当たりにしようとは!!
誰もあいさつしない…
あの…普段て何されてるんですか?
ひょい
は
あー看護師
むしゃ
むしゃ
看護師!…どうしてこの仕事を?
ポテト
うーんキャバクラやラウンジより給料が良くて楽だから
彼氏…とかは?
いるけど〜私このバイト入ってる の少ないし彼氏は隣の県にいるからばれてないよ
30分位でおわるしね〜
ピロリロ♪リロリ
彼氏のこと全然愛してないじゃん!!
あっ!はーい
えやった〜120分!
この人も感覚がおかしい!!
今日はこれで終〜わろ!
じゃ〜ね〜
どうぞ
す…

ありがとう！
ルルさんはどこでこの仕事を知ったんですか？
インスタだよ
私もです！
若そうな子…
トシは？おいくつですか？
19
え⁉10代⁉
大学行ってて
この仕事やらないと
サークル
続けられなくて
そうなんだ⁉
意外にも
まじめで
いい子そうな
タイプもいる
正直こういう
場所で出会いたく
なかったなと
つばきは思った
た…
大変だね…
ガチャ…
あっ！
ルルちゃんだよね
はじめまして～
山田さんに
聞いたよ～
デリは初回
緊張すると思うけど
頑張ってね！
あ ありがとう
ございます
……
そうなんだ～
ルルちゃんも
いろいろ
大変だったね
主婦だという
その女性…
私はね～
実は夫には
「深夜のファミレスで
バイトしてる」って
言ってあるの

ど…
どうして
この仕事を？
ダンナさんに…
楽だから…
やめられないん
だよね…
そう…
なんですね
つばきは
女性たちから
話を聞き
潜入取材を
しているつもりに
なっていた
ガヂャ
オーナーの
黒田さんだよ
ルルちゃんね
はいはーい
撮影やるよ
!?
顔のところは
こんな風に
隠すからね
ご予約優先
洗濯済の
下着あるから
ちょっと小さめの
取って着てね
指定のポーズを
取らされて撮影
わ…
ちょっとあたし
アイドル
みたい
撮られてると
変な自信が
湧いた
イヤイヤ
あたしは
「商品」だ
パシャ
パシャ
もっと
ムネはって〜
イイネ
イイネ〜
撮影が終わると
次は具体的な
仕事の説明が
客に会う前に
必ず携帯の
着信音が鳴る設定に
しといてね
あと 本番は
絶対に断って

本番て
何ですか?
セックス
それは断って
ください
え?
しなくていいって
聞いてますが?
そう しなくていい
てか しちゃダメ
もし客に
強要されても断って
何かあれば店に
電話して
!?
は…はい
どゆこと?
あと…
デリヘルすると
感染症になると
聞いたのですが
あー
男性はね 発病したら
元気なくなっちゃうから
病気の人は
風俗行かないんだよ
ウソ。
もしうつされても
病院行けば薬で治る
ネットで見てくれてもいい
けど 稼ぎたいなら
今は調べないほうが
いいかもね~
楽しそうな
女性は誰も
いなかったな…
とぼ
とぼ
広い世界のことを
デリヘルの
女性たちにも
伝えたかったが
あの空気は
無理だ…
ひとまず
それは
断念した

●デリヘル初出勤

つばきはデリヘルの「小屋」で、いろんな女性たちと出会ったよ。

彼女たちには、デリヘルに入った事情がそれぞれある。それから、性風俗に関わるまでは、「風俗嬢はギャルっぽい子が多い、だから自分には関係ないだろう」とも思ってた。でも、実際は違う。おとなしそうな女性や中年女性が勧誘されることも多いんだ。デリヘル嬢に容姿は関係ない。また女性の入れ替わりが激しく、特別な経歴や技術はいらないからいつでもどんな女性でもすぐ雇われてしまう。

まずは、学生。彼女たちの中には、「短時間で稼ぎたい」という単なる出来心や興味本位の人もいるかも。でも、働く理由のほとんどは、学費や生活費のため。家賃や食費以外にサークル、趣味、服など同期生との付き合い、とにかく出費が急に増えるんだ。

第一に国立大学であっても、学費だけで4年で約250万円。私立だと、400万円以上が必要とされる。就職してから奨学金の完済まで何十年もかかることがある。結婚して、自分の子が大学生になる頃でもまだ自分の学費の返済が終わらない！　なんて話もあったり。

大学には何のために通うか、その大学が自分に合っているかを考えてみて。進学は、費用の計画が立てられない場合は、ひとまず入学せずに実家に住み、アルバイトをしながら勉強したほうがいいかも。このことを、真剣に親と相談しよう。

次に看護師。つばきが待機室で会った彼女は、病気のリスクや男女の体のこともつばきよりわかっていた。職業柄か、男性の体に触れることへの躊躇がないように見えたんだ。そして医療現場はあらゆる仕事の中でも集中力・体力・気力がいるから、必要以上のお金と人肌を求めていたみたい。だから、学生のような経済的事情とは少し違うかも。

主婦の彼女は、初めて入って緊張するつばきに話しかけてくれた。でもね、彼女が辞められない状態に陥っていたとしても、性風俗にかぎらず経験の少ない何も知らない女子には「自分自身を諦めていること」を見せないでほしいと思う。

つばきが初めて待機室に入ったとき、なんだか灰色の世界という雰囲気を感じ取っていたよね。それは、女性たちが自分のやりたくないことをしていて、負のループから抜けられずにいるからなんだ。つばきが女性たちに、働いている理由を尋ねたら、みんな共通して楽しいからではなく「辞められないから」と答えていたからね。

●心の闇

つばきのような何も知らない女子が性風俗に入ってしまうと、次第に感覚がマヒする。最初は、自分がダメなことをしていると思っていても、お金がほしい気持ちが強ければ強いほど平気になる。今は信じられないよね。でも実際にそうなっていったんだ。

そんな中でも、つばきの仲間たちが、連絡をくれたり遠くから遊びに来てつばきを心配してくれていた。でもつばきは、詐欺や性風俗のカモにされた自分を知られたくなかったし、頼り方がわからなかった。本当は、お金の計算ができず借金した自分の非を認め、これを誰かに打ち明けることが必要だった。それは恥ずかしくないことだったんだ。

たとえ自分が嫌いでしょうがなくなっていても、冷静で前向きな気持ちも1%は残ってるはず。

打ち明けないかぎり、つばきは固い殻に閉じこもり「本当に、自分は風俗で働いてもいいのかな」と思っても、近くにダメと言ってくれる人は現れない。むしろ「大丈夫、誰にも迷惑はかからないよ」そんな言葉が飛び交うんだ。

本当は、つばきも待機室で出会った女子たちも、みんな自分からすすんで入ったわけじゃない。どうしようもなくなり、心のスキにつけ込まれて業界に勧誘されたんだ。だから、つばきは「自分はカモだった」と、卑下しなくて良かったんだよ。

あの時のつばきに伝えたいこと④

✓ 女性たちは自分から選んで入るのではなく、業界に勧誘される。だから、風俗業が好きで心から楽しんでいる女性はすごく少ないんだよ。

✓ 自己嫌悪に陥り、信頼できる人に相談できなくなると、自信がなくなり、自分自身を愛せなくなることがあるんだ。

ルルちゃん
出てください
はっ はいっ
ルルです！
来た！
初出勤だ！
怖いことが
起こりません
ように！

プルルルル
プルルルル

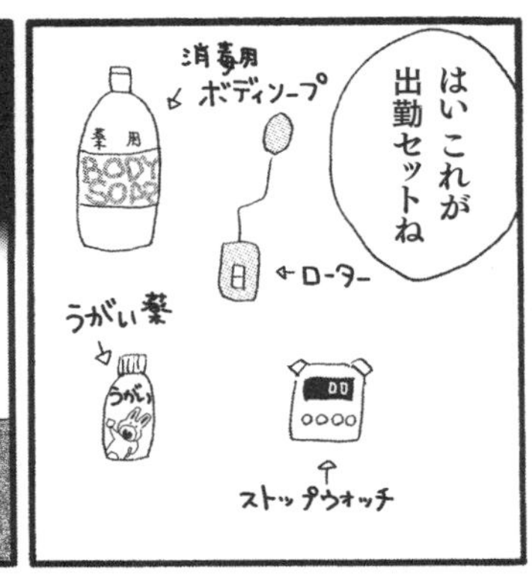
はい これが
出勤セットね
消毒用
ボディソープ
ローター
うがい薬
ストップウォッチ

もし何かあっても
それは仕方ない!!
「ルル」になった
あたしの選んだ
道なんだ…！
ビジネスホテル
503号室です

ビジネスHOTEL

503

新人さんだってね～
っぽいね～♪
僕もうシャワー
あびたよ♡
あ…あたし
シャワー浴びてきて
いいですか？
はやくっ
はやくっ
どーぞどーぞ
うにょ
うにょ

あそうだ
これっ
ぴらっ
5000

本番よろしく〜
え⁉
もう
ゴムつけてる
よーっ♪
聞いてた話と
違う‼
フガ
フガ
でも5000円は
ほしいし
ゴムつけてるなら‼
つばきは
初出勤で強要された
「セックス」を
断れなかった‼
その後もしばらく
「新商品」の
つばきは
あたしには
ローンの
返済期限が
あるんだ!!
慣れていないことに
つけ込まれ
本番を強要された
GET‼
とにかく
うまい具合に
稼いでやる‼
つばきちゃん
本番やってたり
しないよね？
ギクッ
客の口コミで
すぐに広まるから
絶対やらないでね
そうすると
店に女の子が
来なくなる
気をつけてネ
は⁉
状況的に
無理じゃん!
バレたらクビに
なっちゃうよ
キスやハグで
恋人みたいにして
そのうち
リピーターついて
ナンバーワンになったら
ちゃんと稼げる
がんばります!

デリヘルのナンバーワンになんて誰がなるかよっ!!
人生の何の役にも立たないじゃん!!
やがて1カ月経って慣れてくると
フン！秒殺だわ
アヘ～
イイネ～
イイネ
本番を要求されることもなくなった
お兄ちゃん…!!
つばきへ
「山の上のパニーニ」の
DVD、見たいって
てたからかして
やる。
今度お米
と米とどう
のか電話して
やれよ
ごめんお兄ちゃん…
あたしもう人間失格なんだよ…
今はこの気持ち悪い生物たちの相手をするしかないんだ…
記録してやる！接客したやつ全部！
この業界はいったい何のための業界なんだ⁉
世の男と女は何を求めてるの⁉
てててててててて
つばきはこの頃からデリヘル一本にシフトし待機室に住み込むことにした

◉「こいつらは人間じゃない、気持ち悪い生物」

「こいつら」とは、性風俗経営者とスカウトマン・風俗嬢・お客さん。要するにその場で関わった人たちを指す。人間じゃないと思ったのは、つばき自身が性行為を商売にすることが倫理に反すると思えたからなんだ。

まず、つばきが送迎車に乗ったとき、スカウトマンの山田から後部座席を指された。つばきは、席に座ったとき、どこかに連れて行かれるのか恐怖を感じた。それから、雑誌掲載用の写真撮影のとき、新品じゃない複数の下着から選んで着替えた。これはもう、接客が始まる前から女の子の商品化が始まっているってこと。感覚がふつうのときなら、他人が身に着けた下着は着たくないはず。つばきは、自分が商品になったことを徐々に自覚していったんだ。

◉オーナーとスカウトマン

多くの店がデリヘル嬢が店に20人ほどいるように見せかけて、実は3〜4人で回してた。店でそのデリヘル嬢が売れない場合は、他店とデリヘル嬢を交換し合って利益を増やす。常に、いつ女性が辞めても店を継続できるよう、別の女性を探してもいる。オーナーや店のスタッフのほとんどは、前にお客だった人や業界人。だから、その視点で初心者のつばきにいろいろ教育したけど「さまざまな客」や「性感染症の恐さ」という、具体的な事情はいっさい教えなかった。接客に入ったときも、現場に付き添ってくれたことは一度もなかった。

そしてスカウトマンの山田。なぜ彼は「やることはフェラチオだけ、簡単」と嘘をついたんだろう?

それは、オーナーとスカウトマンの役目が違うから。スカウトマンは女性を入店させることで給料を獲得する。

一方、オーナーは、店を回転させ継続することが役目。女性がお客と本番したことを他人に知られたら、店を継続できなくなる。そういう立場の違いも、つばきはあまり考えずにやってたんだ。

山田のしていたスカウトは、店に女性を入店させ、その女性が稼ぐ分の何割かの金額が女性が働き続けるかぎりずっと得られるしくみ。その女性たちへは自分が彼氏みたいな存在や心の支えとなり、デートをしたり一晩過ごしたり。そうやって、女性の稼ぎのマージンだけで生活している男もいて、つばきを含め業界初心者の女性たちはそれを知らない。

ちなみに、山田はつばきを「ルルちゃん」と呼ばず、「つばきちゃん」と呼んでいたよね。これは「自分は、君のことを商品じゃなく人として見ているよ」という気持ちを表し、仕事としてつばきを繋ぎ止めていたってことなんだ。スカウトマンがオーナーを兼任していることもあるし、性風俗から足を洗った元嬢がスカウト役になり、マージンを受け取っている場合もある。

そして、スカウトマンは元お客や関係者だから現場の状況をよくわかっていて、デリヘル嬢の心の支えになることも。でも、いくら仲良くなっても、その女性は多くの男性の性欲解消商品でしかない。それが現実なんだ。

◉デリヘルという作業

つばきは、初めての出勤の前にオーナーから「いろいろなもの」を渡されたよね。うがい薬、消毒用ボディーソープ、それからローター。

まず、「うがい薬」は、オーナーが性感染症の予防にと言っていた。でも、風邪などの予防にはなっても性感染症の予防ができる根拠はない。その感染経路は後で話すね。知識の少ない若い女性にこれを持たせることで、予防できると信じ込ませるんだ。

消毒用ボディーソープは、「これで客の体を洗うと、性器付近の小さな傷口がしみて、その客が反応して感染者かがわかる」ってオーナーから説明された。でも、しみてもその客は反応しないし、反応しても接客を中断したり感染を防げるプレイはないんだ。

そして、ローターは渡されても新品じゃない。大人のおもちゃって言うけど、デリヘルで持たされるローターは、女性がそれを使っているところを男性が見るためのおもちゃなんだ。

で、デリヘルは「お客さんへ性的なサービスを行う」作業。流れは、

1. 到着したらノック（インターホン）を鳴らし挨拶
2. 代金をもらい、それから客と一緒にシャワーを浴びる
3. お客さんの性器をマッサージやフェラチオなどして射精させる
4. 再度一緒にシャワーをして着替え、挨拶して退室
5. ドライバーの車に乗り、店の売り上げ分（代金の約半分）をドライバーへ渡し、待機室へ戻るか次の接客へ

オーナーが終了の10分前に電話を入れるのは、早く切り上げさせて少しでも店の売り上げを上げるため。オーナーは、デリヘル嬢が数をこなさないと食べていけないからね！

●いちばん嫌なこと

客と一緒にシャワーをするのは、オーナーからの指示。だからつばきは仕方なくやってた。

でも、最初のスカウトマンの面接では「一緒にシャワーをしなければならない」とは聞いてなくて、面接のときのテストみたいに「その場での手軽なフェラチオだけ」と思ってた。つばきは当時「一緒にシャワーをすること」のほうに抵抗があったんだ。

え！　なんで、知らないオヤジとシャワーなんかしなきゃいけないの？　と思った。好きでもない見知らぬおじさんとシャワーなんて、死んでもしたくなかったし、こんなことしてるなんて、絶対に誰にも言えなかった。そんなことまでしないといけないなんて、思いもしなかった。

そして、つばきは、30分以上延々とフェラチオをした。でも、つばきは、そういう行為に慣れてなくて、すごく時間がかかっていた。店のオーナーからは、ペニスを喉の奥まで入れてと指示がある。でもそうすると、おえっと吐きそうになる。それから、なんと、口の中に精液を出されたんだ。好きでもない人にそんなことされるなんて、便器かはたまたティッシュとおなじ扱いだよ!?

本当にしんどくて、死んでるのと一緒だと思ったし、いじめられている気分で、めちゃくちゃつらかった。二度と思い出したくない。そんな毎日が、本当に本当にきつかった。

●苦しい言い訳と矛盾

つばきが最初に対応した「セックスを強要したお客さん」について。

そもそも、お客さんから追加でお金を受け取って行う「本番」という名のセックスについては、売春にあたり、デリヘルでは女性と店が法律違反をしていることになる。だから、オーナーはデリヘル嬢に「絶対本番をするな」と指導する格好（かっこう）をとるんだ。けど、実際には断れる状況ではなかった。デリヘルを始めて間もないつばきからすると、無抵抗な状態で断ってお客さんを怒らせたり口の中に精液を出されるよりも、コンドームをつけてセックスをするほうが安全だと思ったし気も楽だった。でも、結局「受け入れたデリヘル嬢が悪い」という結果になるんだ。オーナーは「やるなって言ったよね？」って。

というか、つばきからオーナーに、セックスの強要や感染症などの「リスク」について尋ねても、オーナーはほとんど詳細を答えなかった。

始めたばかりの頃は本番を強引にされるし、実際にオーナーに助けを求めて電話してもつながらない。つながっても忙しいと言って電話を切られた。ほとんどの場合は電話ができる状況ではなかったし、迎えのときに「大丈夫だった？」と事後（じご）の簡単な質問だけ。

説明している間に、次のお客さんの指定場所か待機室に到着し、「ゆっくり休んで。冷凍庫にアイスクリーム入れてあるから、食べてよ」と言われて終わってた。

性感染症に対してのつばきの質問にも、オーナーはこう答えるべきだったんじゃないかな。

・男性は自覚症状が薄いので、お客さんはほぼ全員感染していると思ってもいい
・各種感染症については、しっかり学んでおくこと
・フェラチオなどセックス以外のプレイも、コンドーム装着必須
・自分に症状がなくても定期的に検査を受け、性感染症になったら治療を受ける。治って

から最低1カ月休む（休み中も店以外でも性行為をしないで）

・生理中は免疫力が下がっているので出勤しない、体調や精神的な面が優れないときも休むこと

多くの性風俗店は、女性や客に対して「性感染症の危険性の詳細説明」を省略するんだ。その理由は、店の不利益につながるから。

何より、性風俗でのプレイによる性感染症については、オーナーたち店自体が理解していない。それでも経営が成り立つのは、つばきのような理解していない若い女性が入店して来るからなんだ。性風俗に関わろうとする女性の前には、感染症を詳しく説明してくれる人は現れない。性風俗に関わってお金を稼ぐほど、自分を傷つけることが当たり前となってしまう。

店の関係者は、店にとって都合の良いように話すだけで、現場の女性のことは守らないし、その立場はいっさい考えないんだ。

あの時のつばきに伝えたいこと⑤

✓ 業界は、性風俗の商品になる人を捕獲し振り分けていくんだ。

✓ そこで働く人は「人間」ではなく「商品」扱いされている。

第3章

潜入体験から性売買当事者へ

闇の世界からなかなか脱出できないつばき。
気持ち悪い生物たちに遭遇。
しまいには、
心身ともに病気におかされてしまい、
目的を見失うことに……

「裏引き」から光のない世界へ

COFFE
お店を
変えたい…かぁ
ウチとしては
引き留めたいけど
確かにルルちゃんの
キャラの路線に
合ってるとこのほうが
いいかも
ねぇ
岩盤浴(がんばんよく) 行かない？
いいとこあるの
岩盤浴
そっかぁ～
彼氏とも
別れちゃったん
だね
はい…
私もお金が必要で
トラックの運転手
やってたんだけど
そのあと
この業界に入って
デリヘルで
生計立ててた
でもね…
この仕事が原因で
私…
子宮外妊娠して
手術したんだ
えっ！
そう…
だからルルちゃん…
体のことは
取り返しがつかなく
なっちゃうから…
子宮外妊娠…
無理はしない
ほうがいいよ

私のほうが先輩だし
何かあったら
遠慮なく話してね
あ…
ありがとう
ございます
結局 つばきは
別の風俗店へ
移った
ここの誰かに
悪評書かれ
ませんよーに
デリヘル嬢同士での
コミュニケーションは
ほぼなし
会う人も
同業関係者のみ
つばきはどんどん
「喜怒哀楽」が
なくなっていった
つーか
便秘何日目?
キツイわ~
ほとんど人と
話すことはなく
食欲も
減る一方…
レモンサワー
何か
もうちょい
温まるもの
食べよう…
24
24
さむ~
ほか~
おてもと
んー!
うまい!
あったまるぅ!
おでんって
こんなに
おいしかったんだ!!
ほく
ほく
ほく
コンビニのおでんが
そのときから
「当時を思い出す味」
となった
Himitsu Hotel

この人よく会うけど店を通さず会えないかな？
……
あのぅ 良かったら次回から店じゃなく私に連絡もらえます？
あ ああ そう？ いいよ
つばきは デリヘルのお客と直接連絡を取って サービスをする方法を思いついた これを業界では「裏引き」という
はぁ～ 何か毎日がよどんでるわ…
ハッ
そいえば明日東京の友達来るんだった！
久々だな～
つばきー！ おひさーっ！
ペカー
おおおおおおっっ
今 わかったわ… あたしはもう完全に
さいこ～!!
そうだね ハハハ…
444
闇の世界の住人なんだわ

●実際は稼げないデリヘル

つばきは、相手との関係がどうであれ、言われたことは何でも受け入れるタイプ。でも、理不尽だと思ったことは、信頼できる誰かに必ず相談してほしい。「嫌だ」と思うときもね。

漫画でつばきは、店の取り分を渡すのを惜しみ、お客さんと「裏引き」をしようとしたけど、結果的に成功しなかった。それは、お客さんが同じ女性にお金を払って短期間で何度も利用できないし、性風俗嬢とはほとんど付き合えないからなんだ。

デリヘルって、知らないおじさんの前で裸になるくらいだから、本当に多く稼げそうなイメージ。でも実際は違って、稼げる風に見えるだけ。全然、「高収入バイト」なんかじゃない。やってみて、それがよくわかったんだ。

つばきがデリヘルを始めた頃は、昼の仕事と掛けもち。夜から出勤するときは、24時〜翌朝5時まで他のデリヘル嬢たちと待機室で過ごし、翌朝から通常通り、昼の仕事に出勤。そして、デリヘルの給料は、入ったらすぐにコンビニのATMから消費者金融へ返済してた。

昼の仕事であるリゾートホテルのレストランの給料は、手取(実質的な振込額)で12万円ほど。ストレスを抱えていたこともあり、つばきは単純に時給を計算して、デリヘル一本にしたほうが効率が良いと思うようになった。

その後ホテルを退職し、寮も出て待機室に週3〜4日泊まり込み、お昼から翌日の夜中の2時または5時頃まで待機し、一日15時間ほど拘束されていた。でも、その判断は結果的に逆効果。時給7000円といっても待機している時間はカウントされないし、時期によって稼ぎが大きく変わることを知るのは、現場に入ってから半年がすぎてからだったんだ。
つばきが業界に入ったのは12月の繁忙期。それから1カ月くらい経つと、つばきは50人ほどの接客を終えてデリヘルに慣れてきて、その月の収入は1カ月で40万円を超えた。繁忙期以外の時期の想像はできず「短期間でこんなに稼げる」と思い込んでしまった。
つばきはさらに接客を繰り返し、お客さんに会ったときに自分が初心者だと思われなくなったんだ。その頃には、お客さんからの本番の要求はなくなり、その後は、自分の好まない男とはキスも拒否できるようになった。
そもそも、シャワーと同様、お客さんとキスまでするなんて知らなかった。性的な行為以外に、お客さんをリピートさせるため「恋人のようなラブラブな状態」もつくらないといけない。オーナーにいつもそう言われてた。
だから、「大好き」などの言葉を発したり、自分も接客時間だけそのお客さんを本当に好きと思いながらやらざるを得なかった。この辺からじわじわと、つばきは闇の業界の「常識」に染まっていったんだ。最初は潜入体験のつもりで始めたはずなのに。
射精って、男性にとってはスポーツをして汗を流す感覚に近いものとも言われる。愛していない女性とでもできてしまう。一方、女性は「抱かれること」で精神的な満足感や幸福感を得ると、またその人と性行為をしたくなる。だから、女性が働く性風俗は、男性にとっては「性欲の解消目的」になるけど、これを理解せずに働く女性にとっては「架空の幸福感や満足感を得る、危険な行為」になり得る。性風俗は、男女不平等な業界だと思う。
大多数のお客さんはルールを守ってくれる。でも、何度もやっているとそういう人に対して「このお客さんは良い人だ」と嫌悪感を抱かなくなる。その感覚でずっと続けていると自尊心が満たされ、「自分が人に必要とされている」と錯覚するんだ。でも実際は、〝お金を払っているお客さんと商品としての自分の関係〟でしかないんだ。

つばきはデリヘルをやってみて、「結局お客さんはデリヘル嬢とセックスをしたいと思っていて、デリヘル嬢の隙をねらっている。ソープと変わらないかも?」と思えてきた。

まさにそうで、どちらも目的は同じ。山田が言うように、業態はそれぞれ違うけど、それらが両方とも売春または性的虐待行為であることが重要な共通点。たとえ、女性が最初に説明を受けて理解していたとしてもね。つばきは、このときはまだ嫌な仕事を頑張っている自分を必死に認めたかったんだ。

つばきは、昼と夜の逆転生活が続き、それによって善悪の判断も逆転し始めていた。しかも、自分の状態に気づいてなくて、今はデリヘルをやるべきだと思い込んでいた。それでもつらくて「自分なんて、どこかで事故に遭って死んじゃえばいい」そう思いながら借金返済をする毎日だった。

ある日コンビニで買って食べたおでんは、温かくてよく味が染みておいしかった。おでんなんて、それまではお母さんがつくったのしか食べたことがなかったけど……。

それ以来、私は今になっても、毎年秋頃にコンビニでおでんが売られ始めたら孤独にデリヘル嬢をしていた頃を思い出してしまうんだ。

また、つばきには彼氏がいたけど、うまくいかなかった。

付き合っていると、愛し合ってると錯覚することがある。それは、デリヘル嬢であることを隠す「偽りの自分」として彼と付き合っていたからなんだ。

つばきはこの頃、デリヘル嬢になったことで心に深い傷を負い、将来の恋愛に大きく影響するとは思ってなかった。時間が経てば、それを忘れられると思っていた。でも、忘れることは簡単じゃなかった。深い心の傷は誰にも見えないし、自分でさえわからなくなる。何度も恋愛して過去の自分から離れようとしても、不思議と同じ場所に戻されてしまうんだ。

恋愛は、まず自分自身を愛している状態があって、その次に相手を愛することで良い関係が成立する。自分を癒(い)やし、愛することができない状態なら、何回人を好きになっても、その人を愛することができない。好きな人に心の傷を見せられない状態は、矛盾(むじゅん)する恋愛状態なんだ。

あの時のつばきに伝えたいこと⑥

✓ 「自分の心と身体」を捨てて働くことって、「楽」だと思う?

✓ 理不尽と思ったことは、絶対にしなくていい。判断できなくても「嫌だ」と思うときは、誰かに相談!

✓ 結局「急がば回れ」。楽して稼ぐ道は存在しないんだ。

✓ 自分自身を愛していないかぎり、人を愛することはできない。

サイアクなのは誰(どっち)なのか

そしてまた
別の
お客では…
無口な
人だ…
よろしく
お願いします…
シャワー
あがりました
次どうぞ…
部屋
暗っ!!
もうしたよ
えっ!!
今すぐ裸で外に出ろ!!
シャーッ!!
それか 窓から
外にいる奴らに
お前のアソコ
見せるんだ!!
ギリ
ギリ
ギリ
は!?
早くみんなに
見せろーっ!!
無理ですっ
何言ってんだ バカ野郎!!
早くしろよ!
禁
イヤ〜ッ!!

ヤバイ!!
この人ヤバイ!!
早く!!
窓のところに
立てって
言ってるんだ!
ぱか〜ん!!
ぎゃぁぁ!!
できないですー!!
外の通行人に
アソコ見せるとか
頭おかしいよ
絶対無理!!
すいませんでした!!
許してください!!
うわ―――ん!!
シャーッ
土下座!!
あたし このまま
殺されるかも!!
バカ野郎!
こっち来い!!
いやぁ〜!!
お母さん
産んでくれたのに
ごめんなさい
今までありがとう
!!!
そんなこんなで
数十分…
いやぁぁぁ
やめて下さいぃぃ
バカ野郎っっ
ハア…
ハア…
ちゅぱっ
ちゅぱっ
ちゅぱ
♪ ピリリリリリ
うええ
ええっっ
助かった!!
この日
つばきの頭に
生まれて初めて
「死」が浮かんだ
なんだよ
終わりかぁ…
時間なんで
しゅる〜
この一件で
さすがにつばきは
デリヘル嬢に
なったことを
後悔した
取材だと思って
やっていた
ノートへの記録も
この日を最後に
やめてしまった
大丈夫?

ここでは、デリヘルで印象的だったお客さんについてを語りたい。

●デリヘル嬢を罵倒する男性

つばきを罵倒した男性は、つばきが自虐的になってデリヘルに入ったのをわかっていて罪の意識もなくひどい言葉を発することができたのだと思う。

デリヘルを辞めてからも、つばきはあれは自業自得だと考えることがあったけど、それは間違い。つばきを罵倒する権利なんて誰ももってないんだ。あのときの男性は今でも「俺、10年くらい前にデリヘル呼んだとき、ゴム破れて! マジあせった〜! おまえ、最近(風俗)使ってる?」と、笑い話にしているかもしれない。

私は今でも、歓楽街の飲食店などで、学生っぽい若い男性たちの「この前のデリヘルの女、2回呼んだだけでしつこいんだよね〜」「わかるー勘違い女」といった会話が耳に入る。彼らは、人を人として扱っていないことに気づかないまま過ごしているんだ。

●何も知らない年配のお客さん

また、平然とコンドームを使わずに素股(男性器を女性の股間に挟んで動くプレイ)を要求する年配客もいたよ。そのお客は、つばきを罵倒した男性とは真逆にかなり優しく接してきた。でも「素股」は、性感染症や妊娠の可能性が生じる行為。実は、このお客のほうがタチが悪いんだ。何十年生きてもそのことにずっと気づいてないいんだから。

◉脅迫的な男性

そして、つばきに恐怖を与えてきた男性。彼は、つばきに身体的な危害を加えるつもりはなかったみたいだけど、正直、「殺される、ここで終わりかも」と思った。いまだに彼が何をしたかったのかわからない。50分間、身の危険を感じるような命令をされ続けて、ようやく時間が来て、携帯にオーナーからの呼び出しが入った。そこで解放されたんだ。

それを境にデリヘルの記録が取れなくなった。でも、記憶は今も鮮明に残っている。なぜ、こんなに恐くてつらい思いをする仕事がこの世に存在するんだ。その疑問だけがずっとひっかかっていたんだ。

その後も、いつまで続けるべきかと考えながらもさまざまな人を接客し、心も体もぼろぼろになった。そして、会う男性を「人」ではなく「気持ち悪い生物」として認識し始めたんだ。

サイアクなのは誰(どっち)なのか――その2

⑦30代　既婚ハタラキアリ
妻は今
里帰り出産で
いないんだ
家族用の
バスルームで
アメニティを一緒に使用
⑧30代　スカトロバエ
あ…じゃあ…
トイレで
よろしく…
わく
わく
つばきが用を足すところを
見ながら自慰(オナニー)
⑨40代　ストレス虫
あんたも
吸ったら?
気分良く
なるよ…
生活に大きなストレスを抱え
脱法ハーブを使用する客
⑩50代　スピリチュアル虫
この印鑑で
運気上がるよ!
ドーン!!
15万だけど
10万に負けるよ!
⑪30代　色情虫
ハァハァ!!
今日もよろしく!
ハァ
ハァ
ハァ
週2〜3回という高頻度で利用
⑫50代　正当虫
性犯罪は
許せないね
風俗を
利用すべき!
学校の教師
自分を正当化して買春

●ハンディーキャップをもつお客さんや、童貞のお客さん

唯一、デリヘルをしていて「人の役に立った」と思ったのが、この二種類のお客さん。呼ばれる頻度は少ないけど、自分を人として扱い、感謝してくれていた。お客さん自身が自分の力で性欲解消するのが難しかったり、女性との性行為の機会に巡り会えない人だったから「お手伝いができて良かった」と思ったよ。

●パートナーがいるお客さん

出張などの機会に性風俗を利用するお客さんは、表向き「結婚したら独身時代の自由が極端に減って遊べなくなるから」と言う。

だけど、その真意は「パートナーとの関係性」の問題が大きい。その中には、パートナーとはできないプレイをしたいと思っている人がいる。そのお手本になってしまっているアダルトビデオなどの性行為の情報は、非人道的なものも多いんだ。でも！　そんなプレイって、デリヘル嬢にとっても性的虐待と変わりないよね？

性風俗の存在理由を理解してないお客は、特に何も考えずに気軽に利用するふつうの大人たち。そんな「大人だけど実は何も知らない人たち」は、性風俗を正当化していながらも、表向きは利用していることを人に言えないんだ。

サイアクなのは誰なのか——その3

性風俗を利用しているすべての人に対して着目すべき点は、そのお客が、利用してるかそうでないかではなく、裏社会や性風俗の在り方と向き合っているか。

・**未成年者とのプレイ、性的虐待、買春、脱法的な営業についてどう思っているか**
・**感染症などの詳細知識はあるか**
・**自分自身が犯罪（裏社会・違法行為）の現場にいることに気付いているか**

一部のお客やオーナーは、「客は性欲を我慢すると結果的に性犯罪を生む恐れがある」「客がというより、むしろ働く側が必要としている業界」と言う。しかし、それは自分を守るために性風俗利用を逆手にとっているだけ。それは、裏社会が準備したカラクリ。

あの時のつばきに伝えたいこと⑦

✓ 性風俗の客たちは、悪いことをしてないことになっているんだよ。
✓ 性風俗店は合法経営だが、実際は違法行為が行われているんだ。
✓ 性風俗では、人が人として扱われない。

かゆくて、たまらない

う〜〜
かっかゆい!!
むず
むず
むず
めちゃくちゃ
アソコがかゆいっ!
これ 性病かも!?
デリヘルを始めて3カ月後のことだった
のクリニック
ばーーん!!
恥ずかしー 自分でも見たことないのに
「カンジダ」ですね
薬で治りますから
そ…そうなんですか 良かった…
先生優しい…
薬を処方してもらい3〜4日ほどで回復した

ところが2～3カ月経って
う～ん最近またかゆいんだよな～
ZZZ…
あれかな～前回の素股でやった時の客？
それとも今横でイビキかいてる彼…いやゴムしてるしな～
このときの彼氏はつばきのことを理解してくれているはずだった…
ねぇ…話があるんだけど
彼はつばきの借金やデリヘルのことをわかったうえで付き合っていた
「この人は自分のことを理解してくれている」そう思いつばきは今回のことも打ち明けた
……でちょっと病院へ行こうと思ってて…
は？
何言ってんだよ
おまえ…何か汚らわしいよ！
汚らわしい…て言われた
レディのクリニック
前回と同じカンジダです
今回はちょっとお薬を変えましょうか
膣内に1㎝くらいのお薬を入れるんで
はい…
完全に溶けるまで1週間ほどセックスや触ったりはしないでくださいね
禁
結局デリヘルをやっていた半年間で2回カンジダを発症した

つばきは、性感染症のことを詳しく知らずにデリヘルで働いた。

そして、それについてオーナーにきいたら「性病のことは、調べたらルルちゃんはきっと怖くなるから、稼ぎたいなら今調べないほうがいいと思うけど」って言われた。

だから、

・性病になっても薬で治る（と聞いている）

・コンドームをつければ問題ない（と思っている）

という感覚があった。

そう思いこんでいたのも無理ないよ。だって、つばきは学校ではセックスのときにコンドームを使用して性感染症やエイズの予防を行うことは習ったけど、さらっと聞いただけ。そして、社会生活でもいろいろなセックスのやり方を知る機会もなかったし、その後も耳に入って来なかったから。

いろいろなセックスについては早めに詳しく知ってほしいんだけど、ここでは、性感染症のことを少し詳しく話そうと思う。自分の体は自分にしか守れない。だから、誰かと性行為をする人はみんな知っておくべきことなんだ。

●主な性感染症の種類

性感染症で注目される病気に「クラミジア」「エイズ」「カンジダ」「梅毒（ばいどく）」などがある。つばきが実際に発症したのは「カンジダ」。

・カンジダ

もともとカンジダ・アルビカンス菌（真菌＝カビの一種）は、人の腸内や皮膚表面の常在菌として生息していて、体調の異変や環境の変化などによって、菌が異常繁殖しカンジダを発症するんだ。女性に多く発症するといわれている。主な症状は、膣と外陰部のかゆみや痛み、おりものがヨーグルト状になること。また、セックスで痛みを伴うこともあるんだって。

原因は、性行為による感染の他、抵抗力が弱まること。不規則な生活によるストレスや疲労、睡眠不足、体調不良、生理前後などにも発症することがある。だから、交際相手がいたとしてもその相手から感染するとはかぎらない。

検査は、産婦人科で検尿、専用の綿棒を使って膣の分泌物を採取してもらう。女性医師のいる病院もあるし、その検査は痛くないんだ。治療では、膣内に錠剤を入れたり、軟膏を自分で外陰部に塗るなど。私のときは、1～2週間程度で治ったよ。

くり返しカンジダ症になる場合は、交際相手に症状をきちんと話して、一緒に検査と治療を受けるほうがいい。医師による適切な早期治療を行えば治るから、過剰な心配は無用！

実際につばきは、病気の詳しい情報を知らなかった結果、この症状で心配しすぎてネガティブな気持ちになったんだ。

産婦人科へ行ったときは、何も知らなかったから他の患者さんがみんな「旦那さんがいて妊娠してる幸せな人」に見えたんだけど、実はそんな人ばかりじゃないみたい。お医者さんに性感染症になったことで見下されないかをすごく心配した。でも一回目に行ったときは優しいお医者さんだったから、ホッと胸をなで下ろしたんだ。

性風俗を辞めた後に発症したときも、「どうせいろんな人が風俗を利用してるわけだし、きっと彼も……」と、当時の彼氏を疑ってしまった。このとき、つばきはまず相手を疑わなくて良かったんだ。疑われた彼氏の気持ちになったらやっぱりショックだし、二人の関係に自信をなくすと思う。まずしっかり話し合うことがいちばん大切だよ。もしも自分を愛し、彼氏を愛していて、すこしでも知識があれば大丈夫だから。

・クラミジア

クラミジアの正式名称は、「クラミジア・トラコマティス」という菌。今は薬でコントロールが可能になった性感染症とされているんだけど、性感染症の中でもっとも感染者数が多い病気なんだって。感染者はつばきと同じくらいの10～20代の女性が中心。それは、彼女たちが感染予防方法を正しく理解していないからなんだ。

まず、クラミジアは、卵巣や卵管の癒着（炎症などで臓器がくっついてしまうこと）を起こす病気。その菌は空気感染はしない。逆に人から人への感染力は強く、感染者との性行為では約50％の確率で感染する。しかも、クラミジアに感染していると、HIVに感染する確率が上がったり、卵管が詰まりやすくなり不妊や異所性妊娠（子宮外妊娠）を起こす要因にもなるんだ！

クラミジアの菌は、性器以外にも喉の奥の粘膜でも生存でき、オーラルセックスやディープキスでそこに感染すると、咽頭炎を起こす。特にフェラチオは、喉の奥にペニスを入れるので、感染する可能性が高い行為だよ！

また、感染者の精液や膣分泌液が目に入った場合は、結膜炎を起こす。性風俗で求められるプレイの顔射（男性が相手の顔に精液をかける行為）で感染してしまう女性もいる。それから、クラミジアの感染は、流産や早産の原因になることもあるんだって。

初期症状は、おりものの異常、生理中以外の不正出血、下腹部の痛みやセックス時の痛み、排尿痛。その症状は、菌の潜伏期間の1～3週間を過ぎると現れるんだけど、無症状の場合も多い。症状は、生理前や体調不良でも同じようなもので、感染したことを自覚しにくいから特に注意が必要！　関連するプレイをするなら、症状がなくても定期的に検査を受けて。

検査は、みんな人に言わなくてもけっこう誰でも受けてるんだ。だから、ちょっとでも不安に思ったらちゃんと検査しよう。そして！　感染していたときは、交際相手には必ず言うんだよ。

・エイズ

エイズ（ＡＩＤＳ）の日本語名称は、「後天性免疫不全症候群」。「さまざまな病気に抵抗する免疫」の低下状態のこと。

ＨＩＶというウイルスが「免疫を構成する細胞（ヘルパーＴリンパ球）」に感染すると、体力が奪われて病弱な体になってエイズを発症し寿命が短くなるんだ。エイズ発症を防ぐために、ＨＩＶ感染症であるうちに治療の開始が必要。早く行うと高い確率で発症を抑え他者への感染も防げる。

ＨＩＶの主な感染経路は、「性行為」「血液」「母子感染」の３つ。

ＨＩＶは、感染後、血液、精液、膣分泌液、母乳などに多く分泌される。主に、女性は膣粘膜(ねんまく)の膣分泌液に、男性は精液などに含まれるＨＩＶが相手の体内に侵入することで感染が広がる。

一方、唾液、涙、尿などの体液には人に感染させるだけのウイルス量は分泌されない。ＨＩＶは、傷のない皮膚からは感染しない。

ＨＩＶの感染確率は、コンドームを使わずに性行為（膣性交、アナルセックス＝肛門にペニスを挿入する性行為）を行った場合、感染の確率は０・１〜１％（セックス約１００回に１回）くらいとされている。クラミジアなどの感染時は、粘膜部が炎症を起こしているため感染しやすくなり、ＨＩＶ感染確率が増加すると言われる。

ＨＩＶ感染の一番多い感染経路である性交の際、感染率を下げるには、必ずコンドームを使用すること（相手に使用してもらうこと）が重要。オーラルセックス（フェラチオ）の場合も、粘膜から感

染の危険性があるのでコンドームをつけて行おう。
症状は、HIVに感染してから2〜6週間（急性期）内に、50〜90％の人に発熱、咽頭炎、筋肉痛、頭痛、下痢など。でも、どれも風邪などと同じような「HIV感染時だけの症状」じゃないから、感染を正確に調べるにはHIV検査を受ける必要があるんだ。
HIV検査は全国の保健所、医療機関で受けられる。検査内容は、血液検査（膣分泌液の検査ではない）。その日のうちに結果が判明する「即日検査」を実施している保健所もあるし、インターネットで販売されている検査キットもあるよ。

・梅毒（ばいどく）

梅毒トレポネーマという細菌による感染症。
厚生労働省によると、近年、「梅毒」の感染者が急増しており、2013年の約1200人から2018年は約7000人へと、5年で6倍近くに急増している、国内で最も注目されている感染症の一つ。2022年には1万3000人を超える報告があったんだって。
最初は感染に気づきにくく、徐々に全身に広がって体を蝕（むしば）んでいき、放置すると、心臓や脳に合併症を起こして死にいたることもある、とても危ない性感染症なんだ。
主な感染経路は、性的な接触（＝他人の口や性器・肛門などの粘膜や皮膚と直接接触すること）。病原体は、傷口からの浸出液、精液、膣分泌液、血液などの体液に含まれているんだ。もちろん、キスやオーラルセックスやアナルセックスなどでも感染する。
また、梅毒に感染している母親から妊娠・出産時に子どもに感染する「先天（せんてん）梅毒」もあるんだ。

これは、胎盤を通して胎児に感染し、死産、早産になったり、生まれてくる子どもの神経や脳などに異常をきたしたり、難聴、貧血、水頭症を発症させる。

梅毒の症状は、3～6週間程度の潜伏期は、発症したことに気づきにくく発見が遅れやすいんだ。それは、症状が軽くなったり消えたりする時期があるから。感染から約3週間後に、感染した部位（主に陰部、唇、口の中、肛門等）にしこりや潰瘍ができ、また消える。

治療しないで3カ月以上経過すると、病原体が血液によって全身に運ばれ、手のひら、足の裏、体全体にうっすらと赤い発疹（バラ疹）が出るなど、様々な皮疹が出るんだ。この時も、皮疹は治療をしなくても数週間以内に消え、また、再発を繰り返すこともある。発熱や倦怠感も出てくる。この時期に適切な治療を受けられなかった場合、数年後にいろいろな臓器の障害につながるんだ！

感染後、数年から数十年経過すると、皮膚や筋肉、骨などにゴムのような腫瘍（ゴム腫）が発生

する（肉芽腫）。心臓、血管、脳などの複数の臓器に病変が生じ、場合によっては死にいたるんだ。
検査は、皮膚科や感染症科、産婦人科で、医師による診察と、血液検査（抗体検査）。
梅毒の感染がわかった時は、周囲で感染の可能性がある人（パートナーなど）にも医療機関の受診・検査をすすめよう。パートナーも感染していた場合は、一緒に治療を行うことが必要だよ！
男性は泌尿器科でも受診でき、抗生物質の服用などで完治できるので、疑いがあったらまずは医療機関に相談しよう。治ったかどうかの確認の検査も忘れないでね。

●総合的な感染症の予防対策

すべてに共通する一番効果的な予防法は、病原体を持っていない相手と性行為をすること！
スウェーデンの若者は、付き合うことになった時に一緒に性感染症の検査に行くんだって！
なぜなら、コンドームは１００％感染リスクを減らすことはできないから。
そして、性行為の際にコンドームを装着する方法とタイミングが重要。装着のタイミングは、挿入の直前やイク直前ではなく、性行為の一番最初（キス・オーラルセックス）からだよ。オーラルセックスでも装着は必須。
ちなみにピルの服用は、あくまでも排卵を一時的に止めて生理をコントロールすることで「避妊にもつながる」というものであって、性感染症を予防するものじゃないので、勘違いしないでね。
すべての人が性感染症に対して詳しいわけではないし、性行為のときにコンドームをつけずにしてしまう人もいるので、知り合ってすぐに性行為をするのはＮＧ。すぐって、どれくらい？　期間の目安は、自分が「相手としっかりコミュニケーションが取れたと思うとき」まで。たとえ両思いでも、相手の主観に惑わされないで！

誰かと性行為をするなら、症状がなくても定期的に検査を受けて。みんな人に言わずにけっこう検査を受けてるんだ。だから、くり返しになるけど不安に思ったらちゃんと検査しよう。そして！　感染していたときは、交際相手には必ず言うんだよ。

もうすぐ体の関係をもちそうなパートナーがいる場合は、自分に症状がなくてもまずは、産婦人科と保健所で検査や治療を受けることがおすすめ。それがいちばんの「相手を大切にする愛する気持ち」。

社会人なら、パートナーができるときに備えて、自分の体に興味をもち「パートナーがいない期間＝体のメンテナンス期間」として、定期的に行っておくのが◎。自分の中で歯科検診や健康診断と一緒と考えてＯＫ。

ただ、自分が検査を行うことはパートナーに絶対言わなきゃいけないわけじゃない。交際のときに何でもかんでもパートナーに言うべき、というものではないんだ。性感染症に感染しているかどうかは、まず単に自分自身が把握することであり、パートナー自身の体調管理とは別問題だから、伝え方やタイミングには気をつけてね。

まず自分で把握した結果、もし感染しているなら、それはパートナーにも関係するので言わなければならない。そして、きちんと体のメンテナンス（検査）をしている人とお付き合いしよう。性感染症はすべてがネガティブなことではないので、パートナーと話すときは、焦らず落ち着いて正しい知識を共有することが重要だよ。

性病検査は怖い？

ときどき性感染症の検査を受けて自分が感染してるかどうかを知ろう！
相手を信頼しているなら二人で検査に行ったら良いよ！
そんなの怖くてできない
それに素敵なパートナーなんて現れな…
そんなこと絶対に言ってはダメ！
将来 つばきはちゃんと社会に必要とされ 愛し合えるパートナーもできるんだだからこそだよ！

あの時のつばきに伝えたいこと⑧

- ✓ 性風俗で働くことと性感染症は切り離せないもの。将来にできる大切なパートナーや子ども、家族、自分のためにしっかり考えよう。
- ✓ 悩んでいても解決しない。すぐに病院に受診しよう。
- ✓ パートナーを信頼し、きちんと話し合おう。

ハルオと別れたあと
つばきは
バーで出会った
ナツオと付き合った
つばきさぁ
なんで最近
電話でないの?
夜…寝るの早くて
ごめんね ナツオ
だといいんだけど
なんかあんのかな
って思ってさ
ま いいや
明日このまま
仕事行くわ…
HoTEL
お ここの
クーポンある!
この人…
よくホテル
来たがるな…
もみ
もみ
なんか客みたい
こんな彼氏必要?
ナツオとも別れた
つばきは
待機室に泊まり込む
ようになり
会話をするのは
デリヘル嬢、客
オーナーやドライバー
のみとなった
デリヘル一本の
生活になって
3カ月…
つばきからは
喜怒哀楽が
なくなった

てく
てく
気分転換に
喫茶店でも
行こーっと
いらっしゃいませ〜
アイスコーヒー
ですね
ケーキセット
くださぁい
かしこまり
ました
あの姉ちゃんも
同業かな…?
やだな…
あたしも
そんなふうに
見られてんのかな
だよね
あたしが
そう思うんだし
ココ風俗街
だし…
ふいっ
さっ
さっ
なんか…
生きた心地が
しないな…
こんな服や
派手メイク…
本当のあたしは
やらないし
今度いつ性病に
なるんだろ…

もっ
もしもし
みよこ！
久しぶり
元気？
地元の友人みよこ
唯一彼女には
つばきの抱えている
問題などを
相談していた
うん
なんとか元気…
一応ね
うん
ありがと
つばきにとって
大きな心の支えに
なっていた
デリヘルは
どう？
ぼちぼち
リスク高いし
早く辞めた
ほうがいいよ
うん…だよね
わかってるよ
辞めれるわけ
ないじゃん…
危険なことだけは
しないでね
今辞めるわけには
いかないんだ！
みよこには
心配をかけないように
平気なフリをしていた
そういう業界で
生活してる人も
いるのはわかるけど
つばきに合ってる道を
進んでほしいんだ
うん
うん
大丈夫だよ
相手が自分を大切に
思っていればいるほど
本当のことは
言えなかった
なんとか
平気だから…

今考えると、つばきが喜怒哀楽をなくしたときに、もし心療内科に行っていたら「鬱病」「PTSD（心的外傷後ストレス障害）」「対人恐怖症」「不安症」などの病名がついていたかもね。
デリヘル嬢をしているときの「身の危険」「感染症」がくり返すと、最終的に徐々に精神的な感覚が落ちていくんだ。しかも、落ちていく感覚に気づけない。ここでは「精神的な感覚の変化」「恋愛感覚の異常」の二種類の感覚について伝えたい。

●精神的な感覚の変化

つばきは当時、ふだんの生活で人に対して恐怖心をいだいたり、監視されていると思い込んだり、乱暴な性格になったりし、それが短期間ではふつうの精神状態に戻らなくなってしまったんだ。
例えば、「自分の人生はどうでもいい」と思ったり、人に優しくされてもそれを嘘だと思ったり、誰にも会いたくなくなったり。
そんな中で、デリヘルに出勤しないといけなくて、毎日のように性風俗の関係者と顔を合わせる。最初の2カ月くらいはこの症状がなかったんだけど、その後から徐々に感覚が狂い始めていたんだ。つばきはそのとき、明らかに精神が異常な状態なのに、それに気づいていなかった。つばきがこうなった理由は、デリヘルのストレスを人に話せなかったから。自分が風俗嬢として毎日どう過ごしているかを人に話すと嫌われるかもしれないと思い、抱え込んでいたんだ。
この状態は、想像以上に心のダメージが大きくなった。漫画では電話で友達のみよこが必死につばきを心配してくれていたよね。でも、「本当は早く辞めたいと思っているのに、どうすればいいかわからない」その気持ちを素直に出すことはできなかったんだ。

もし、ふつうの生活をしていたら、わざわざ「今日はこれについて話したい」と構えなくても、自然に過ごして会話するだけで周りに理解してもらえたりもするよね？　でも、性風俗で働いている場合、まず重要な秘密として話さないといけない。やっとの思いで話せても、基本的に相手の理解や賛同はえられない。それに、話したところでその人に助けてもらえるわけじゃないから、開き直って自分を正当化するしかなかった。良くないことをしていると思っていたから、ほとんど人に言わず、隠れながらやっていたんだ。

毎日の感情を言葉に出せないことは、例えると「体に溜まった二酸化炭素を出せていない、呼吸困難状態」に近いと言ってもいいくらい。つばきは、毎日マイナス思考になる一方だったし、冷静になれるはずもなく、ひとりで苦しんでいた。

でも、性感染症も悪い精神状態も、すべて「無知」が呼び寄せたことなんだ。当時のつばきがもし今の知識をもっていたらあそこまで苦しむ必要はなかったと思うよ。

◉恋愛感覚が異常

「デリヘル嬢を愛せる男性」って現れると思う？

答えは、残念ながらNO。ほぼ現れないんだ。現れたとしても、デリヘル嬢側がその人を愛することができなかったりもする。価値観や感覚は人それぞれだけど、当時のつばきには難しかった。パートナーの理解があったとしてもね。

それは、「パートナーとの愛あるセックス」をして純粋な幸せを感じることができなかったからなんだ。それができなかったのは、つばき自身が自分を人間としてではなく「商品」として見ていたから。

性風俗に限らず、男性が相手の女性を良く知らずに体の関係をもった場合、その後はその女性に興味がなくなってしまうことが多い。すぐに体の関係になったら、男性は本能的に「この狩りは簡単だった」と、身体が勝手に目的を終了する。その後の会話は必要ないし、むしろ不思議なくらい会いたくなくなって、結果、別れる(連絡が途絶える)ことになる。

パートナーの男性が、女性が性風俗で働いていることを知らなくても、女性の「性行為の感覚の軽さ」は隠せないものなんだ。当時のつばきのような「自分を大切にしていない女性」と出会った男性は、間もなくその女性から離れてしまう。なんなら、そもそも付き合ってなんかいない(セックスだけの関係)。その男性は、そういう女性をどう見ていると思う?　「遊び」「適当にしていい女」というふうに見てるだけなんだ。そしてもし、相手に「自分が風俗嬢であることを言えない関係」なのであれば、付き合いは長く続かないよね。

私は結局、最近までずっと自分を愛することができずに、どの男性にも「この人も、出会った客のようなひどい部分をもっている」という考えが前に出て、その男性個人の「優しさ」「誠実さ」「たくましさ」といった「男性の魅力」とされるものすべてを信じられなくなったんだ。これって、異常だと思わない?

だって、人それぞれ価値観は違うけど、私は人を好きになって幸せな恋愛や結婚をしたい、と思ってはいたんだ。でも、10年近く、自分自身が男性から「大切な女性」として扱われることに抵抗や違和(いわ)感を感じ「幸せな女性」として生きることが不自然な状態となってしまった。

デリヘルで女性があう被害の「性感染症」は物理的には解決して忘れられることかもしれない。

それとは違い、この「男性への異常な感覚」が身についてしまうと、しばらく「幸せな恋愛」「喜びを分かち合う異性関係」とは縁が遠くなるんだ。

つばきも、将来そうなりたくないよね？

パートナーのことを愛し、大切にしたい。だから、自分を愛す。

パートナーとは、そう胸を張って言える関係性をもつことが大切だよね。

あの時のつばきに伝えたいこと⑨

- ✓ 性風俗に入ると、自分を大切にできなくなる。
- ✓ 自分を大切にしないと、人を愛することもできず、良い恋愛ができないんだ。
- ✓ パートナーに嫌な性行為を強いられたら、断って。断ってもあなたのことを嫌いにならない人もいるよ。

第4章 自分を愛せる人に

暗闇に潜むラスボスが現れる。
つばきは、どこまでもついてくる闇の手に
引きずり込まれそうになりながら、
最後の力を振りしぼる。
そこに、想像もしていなかった助け船が!

デリヘルを始めて
4カ月
25歳の4月
つばきは出勤以外
待機室と
ネットカフェに
入り浸っていた
ん？
何か
来てる…

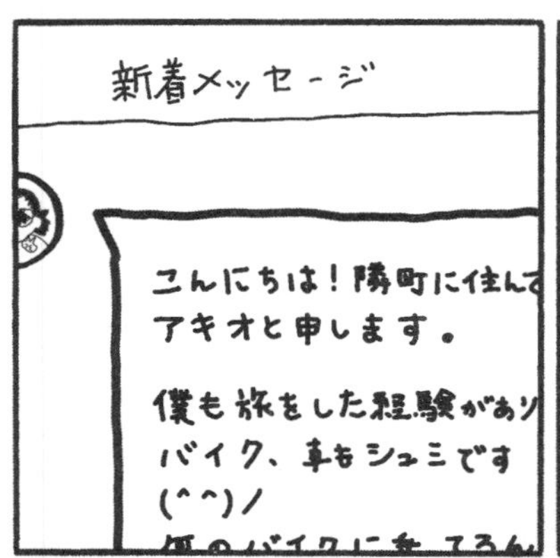
新着メッセージ
こんにちは！隣町に住んで
アキオと申します。
僕も旅をした経験があり
バイク、車もシュミです
(^^)ノ

旅…
返信して
みよう…

お…
返信来た！
なになに…
休日はバイクで
景色の良い
とこを…
えっめっちゃ
趣味合いそう！
つばきは
この男性と
連絡をとるように
なった

ブロロ～

ルルちゃん
またコンビニ
寄る？
あ、はい

さっきの2回分
1万4000円
返済…っと！

つばきは
オーナー
スカウトマンと
少し口はきくものの
他のデリヘル嬢と
話すことはなくなり
挨拶もしなくなった
うわー ○○ちゃん
口コミで
超やられてるわ
じー

はー あと70万も
あるのか
いつデリヘル
辞められるんだろ
最近は収入0円の
日も多いんだよな
そういう時期
らしいけど…
借・金
体を売ることって
本当に高収入なのかな!?
初月には40万くらい
だった月収も
今は11万少しに減り
風俗だけでは
やっていけない
状態まできていた
一方SNSで
知り合った彼との
付き合いは順調♡
俺つばきちゃんの
こと好きだわ!
付き合おう!?
ホホント!?
嬉しい!
あ…でも
あたし…
夜の仕事
してるんだ
そうなんだ!
どこの店?
飲み行くよ!
ぜっ… 全然
おもしろくないし
来なくていいよっ
つばきちゃんが
働いてるとこ
見てみたいし
ええ~
いいよ
ただの
スナック
でしょ?
はい ただの
スナックです…
えなんか
あんの?
ないよ…
いやっ
絶対あるな
う…じゃあ
アキオのこと
信頼してるから
言うけど
うん
言ってほしい
今風俗で
働いてるんだ
借金があって

え…!!
やっぱり
引かれてる⁉
そっか…
そうなんだ…
だから…
もう…
連絡とるの
やめよう?
お互いに
良くないし
そんなことっ!
誰も言って
ないじゃん!
俺 やっぱり
つばきちゃんが
好きなんだ!
一緒に居てほしい!
あ…
ありがとう
あたし
この闇の世界から
抜け出せるかも
しれない!
アキオに出会えて
良かった!
あのー
そういえば 店の
ナンバーワンになったら
すぐに借金が返せるって
前の店で聞いたんですけど
どうやったら
短期間で
終われますか?
ああ そんなの
たくさん指名を
取ることに
決まってるじゃない

前にナンバーワンだった子
2カ月で目標に達して
辞めてったよ
あいつ
かっこよかった
ぜー！
確か「マロン」って名前だった
「かっこいい」…？
マロン…マロン…
いた！この子だ
指名されるコツとか
いろいろ書いてるな
カチ
カチ
客の心を
つかむ方法…
なになにうわ〜
マメだなこの人
全然楽じゃないよね！
そんなしょっちゅう
客のこと考えて
らんないし
ムリだ
ヤメヤメッ
ん？関連記事…
「私は風俗で
病気に」…
カチッ
私は梅毒に感染しました。
同じような若い女性をこれ以上
増やしたくありません。
げげ〜〜
この仕事って…
本当はかなり
リスク高い
仕事なんじゃ…!?
…借金て
どれくらいあんの？
あと70万くらい
月に5万は
返済しないと
そっか…

結構
稼げてんの？
うん
まぁなんとか
ウン
やっぱさ
性病うつされたり
するし
とにかくずっと
続けない方が
いいよ！
そ…そだね
近くのバイト求人
一緒に探して
やるからさ
ありがとう
バイトかぁ～
普通の仕事って
給料
低いんだよね…
そうだ！
つばき！
一緒に暮らして
生活を
立て直そう！
えっ!!
ほ 本当に!?
借金完済が
うまくいくように
俺がサポートする！
あとで
「つばき立て直し作戦」
計画表を作ろう！
それと 車の
免許も早く
取った方がいいな
アキオ…
あたし
デリヘル
辞めるわ…
うん！
絶対
その方がいい！
幸せに
なろう！
うん！
このとき つばきは
心からデリヘルを
辞められると思った

一見、高収入に見えるデリヘルの仕事。実は繁忙期以外、お客さんはとても少ないんだ（デリヘルは世の中にたくさんあるからね）。男性も出費を考えると女性の体は買いたくないのが現実。

リアルに考えてみて。共働きで世帯の月収が50万円、子ども2人を養っているとして、男性がおこづかい制だったら――。2章で書いていたように、その後子どもの学費とかにお金が必要になるし、そんな中でも少しくらい家族旅行とかして贅沢したいって思うはずだよね？　ほとんどの男性は性風俗に費やすお金がないし、できれば関わりたくないとも思ってるんだ。

また、つばきは当時、待機室のデリヘル嬢とは必要以上に話すことはなかった。それは、口コミ情報に自分の悪評を書かれる可能性があったから。要するに、10年以上前の当時でさえ少ない客を取り合わなければならない状況だったんだ。

だから、性風俗で働くことは、過酷でリスクが高いわりに、その対価が見合っていないんだ。

結果、性風俗じゃないふつうの仕事（親や友人に言える内容の仕事）のほうが安定し、安全に収入を得ることができる。

このときのつばきは、「ふつうのバイトは時給が低い」と思ってて、不思議なくらいその現実に気づいていないよね。気づかないばかりか、雀の涙にしかならない性風俗の給料で終わりの見えない高金利の消費者金融の借金を、せっせと返してた。だけど、性風俗で働いて返済できたのは、すべての借金の10パーセントにも満たない。最初の頃、ネットビジネスに手を出したときに消費者金融を使っていたけど、つばきはそれで返済が大変になることも薄々わかっていた。ただ、そういうものを使ったらどうなるかを実際に確かめたかった。

消費者金融は「年利3％～」とうたっているけど、つばきの場合は8％だった。毎回の返済額が少額であればあるほど、長期間に渡って返済を続けなければならない。さらに、毎回の返済額からは利息も引かれるので、実際の借金があまり減らないしくみになっているんだ。

また、性風俗オーナーは、特殊な仕事だから稼げるって言うけれど、実際に稼ぐことは簡単じゃないし、とてもつらい。それでも、つばきはデリヘルをしているとき、お金をもらって仕事し、そうすることで人の役に立っていると思っていた。

オーナーは、つばきもたくさん指名をもらったら〝ナンバーワン〟になれるって言ってたけど、それは逆を返すと、ナンバーワンにならないと稼げないってことなんだ。ほとんどの客がナンバーワンの女性に集中してるってこと。そうなることって、かっこいいと思う？　裏を返してよく考えてみて。その後、見たよね？　性風俗で梅毒になって治療を続けている女性のＳＮＳ。

性風俗は生け贄と一緒。生きた状態で残酷なことを強いられ、それと引き換えにお金をもらうんだ。こういうのは正当な取引じゃなく、「人身取引」や「性搾取」とも言うんだ。

あの時のつばきに伝えたいこと⑩

✓ 消費者金融は、利用者が払う金利で儲けているんだ。

✓ 店のナンバーワンにならないかぎり、高収入にならないってこと！

求人
求人
求人

つばき…
フェラしてくれよ
彼氏のアキオはたびたび
ううん
自分の好きなプレイをつばきに強要した
気分じゃないな…でもイヤなんて言えない
またアキオはちょっとしたことで怒ったり怒鳴ったりもした
つばきは耐えられなかったが行き場もなく
彼と居ることしか生きる術がないと思っていた
デリヘルを辞めて1カ月後……
そうそう右へゆっくり切って
つばきは隣の県に免許合宿に来ていた
そうだ…この辺にも近くにデリヘルあるかな…
ポチ~
検索
つばきは魔が差した
それは簡単に言うと
ダイエットのリバウンドに似ていた
ズブブブブ
あったあった早速応募だ!
隣の県だしアキオにはバレないよね

ところが翌日
生理きた…どーしよ今夜デリヘル入ったのに！
そういえば前黒田さんが…
生理の時もぉ～アソコに海綿（かいめん）を入れて出勤してね～
そのほうがルルちゃんも稼げるでしょ？
え!? それって取れなくなるんじゃ…
海綿とは吸水性の高いスポンジのこと
大丈夫！取れるよ！取れなくなったら彼氏に取ってもらったらいーよー！
よし！海綿使うか！
イイネ～
ゲヘヘヘヘ
ガチャン
ピーピーピー
違うよ駐車は「P」に入れて！
あっすいませんっ
どうもね～
ありがとうございました
あ～この客めっちゃアソコさわってきたな…海綿どうだろ
えっ
とっとれない!? うそでしょっ!?
中指と薬指で……だめだっっ！
海綿が取れないなんてーっ!!!
ヨロ…
まさかの…

あんた

バカ?

え？
あたし!?
これ！取ったけど
雑菌が繁殖して
すごいニオイ！
ホラ！
ぷ〜〜〜ん
うっ
「そういうバイト」
って言うけど
…
膣に海綿なんて
絶対入れちゃ
だめなのに
わかってんのかな
ブツ
ブツ
バカ⁉
バカって言った⁉
コイツ!!
あたしが
どんだけ
辛い思いして
お大事に
ね…
次の人！
借金のために
体を張って
体を売って
危険にさらされて
今までやってきたと
思ってんのよ!!

あんなヤツが
医者だなんて
信じられない!!
アイツも
結局は
デリヘルの客と
同じ男じゃんか!!
あたし
こんなに
頑張ってん
のにっ
なんであんな
ひどいこと
言われなきゃ
いけないの!?
本当に
あたしだけが
「バカ」なの…?
こんなの
矛盾だよー!!!
あっ
ぽこ～～ん
やっと
出られた!!
あんたもう
出てきたの!?
あんな
狭いとこ
閉じ込め
んな!
絶対おかしい!!
こんなことが
あっていいわけ
がない!!
イラ
イラ
イラ
イラ
イラ

あたしはこれでも
いろんな世界や
日本社会を
見てきたつもり
海外だって行ったし
いろんな国の
状況だって知ってる！

貧しい国だって
たくさんあって
医療を受けられない
子どもたちも
たくさんいるのよ
なのになのに
医療の進んだ
この国で医者から
あんなふうに
見下されるなんて！

このときの
つばきは
その医者と
社会に対して
とてもやるせない
気持ちに
なっていた

あの医者はあたしを
人としてじゃなく
うぅうっ
デリヘル嬢として
扱ったんだ

もう
ダメだ…

私は30歳を過ぎてから、生まれたての子どもさんを抱かせてもらう機会が増えたんだ。それは、友人たちの多くが「親」という立場を歩み始めているから。

つばきも、小さい頃から赤ちゃんが大好きで近所の子を抱っこする機会があったよね。今は、そのときと違う感覚で「一生懸命に生きようとする命の温かさと重み」を感じている。そのたびに、20代の頃に性感染症の治療で産婦人科に通っていたことを思い出すんだ。

デリヘル嬢になって初めて性感染症になったときに出会った産婦人科医は、すごく優しかった。塗り薬を処方し、親切に使い方を教えてくれた。丁寧な言葉で「薬で治るから大丈夫ですよ」と言ってくれたのを覚えてる。

あのときはデリヘルのことをお医者さんに言わなかったけど、察してくれたんだと勝手に思ってた。

「こんな自分の体のことを何も知らない、汚れた私のために優しい言葉をかけてくれるなんて、心が痛い。本当に早く辞めよう」と、そのお医者さんが思わせてくれたけれど、結局は辞められなかった。

なのに、膣に入れた海綿が自分では取れなくなり、別の産婦人科に行ったとき、その医師は、「あんた、バカ?」と言った。

悔しくて、鼻が痛くなってもずっとずっと泣いたんだ。そうなるまでデリヘルを続けていたなんて、本当に絶対誰にも言いたくない。もし言わなければならないなら、その後は二度と誰にも会わない場所に行きたいと思った。

●男性の産婦人科医

私は、あの男性医師の言葉があったからこそ性風俗を辞めたのは事実だけど、実際に「バカ」という二文字は暴言だし、医師が患者に対して発すべき言葉ではないと思う。

医師の代わりに当時のつばきに伝えられるとしたら、こう言うと思うんだ。

「海綿には紐が着いてないから膣に入れると取れなくなる、絶対に入れちゃだめなんだ。生理のときに膣に入れていいのは、タンポンや生理カップだよ。自分の身体を良く知って。嘘ばかり言うオーナーがいるその業界は本当に危険なことが多い。今の法律では売春は違法で、オーナーだけでなく売春をする風俗嬢も罰せられる。性感染症が悪化すると子どもを産めなくなることもある。自己防衛の感覚などが異常になって、精神的な病いを患うこともある。これからの人生長いし、いろんな出会いもある。本当に後悔するよ！」って。

これが、社会に出る前の18歳のつばきにいちばん伝えたいこと。

人の命に関わる現場にいる人は、人の心を殺すような言葉をかけないでほしい。この医師は、私にデリヘルを辞めさせて表社会に戻すために「バカ」と言ったわけじゃない。その言葉を受けた私に「社会に戻りたい意思」が残ってただけ。

当時のつばきはボロボロになりながらも生きていたし、まだ立ち直れる余地はあった。それなのに、デリヘル現場でさんざん傷つけられ、精神病の可能性もある状態で、医者にまで暴言を吐かれたんだ。

現在、性風俗で働いている20代以下の若い人たちは、ほんの10年前は子どもだった。いまこの瞬間に日本のどこかの産婦人科で生まれた赤ちゃんもそうなりかねない…。もしその赤ちゃんが20年後、行き場がなくなってしまったら？「あんた、バカ？」という医者の軽率で心ない暴言が、もしかしたら人を殺してしまうかもしれないよね。

●自分の身体についてよく知る

この出来事をじっくり紐解いていこう。

女性の子宮や産道は、新しい生命が宿り通ってくる道。それは高校までの授業で習うから、つばきもわかってた。そんな体の大切な部分を粗末にするなど、命を大切にしていないことや自傷行為と同じ。

でも、つばきは自分の体を粗末にしようとして海綿を入れたわけではなく、単に、自分の体に興味をもたず理解もしていなかったんだ。

海綿が取れなくなった原因は、プレイの際に男の指が膣の奥まで入って海綿が押し込まれ、人の指の長さでは届かないところまで入ってしまったから。

ここで問題。

①女性が妊娠してから出産までの赤ちゃんが成長していくとき、なぜ子宮が破裂しないと思う？

②セックスのときにペニスがどれくらいの大きさになって膣のどこまで入ると思う？

答えは、①子宮は通常時の直径5〜7㎝（個人差あり）から容積が2000倍以上になる伸縮機能があるから。子宮は膣と繋がっていて、受精卵の成長に合わせて大きくなるんだ。

そして、②ペニスは通常時10センチ(個人差あり)くらいなのが、勃起すると1・5倍以上になる人もいる。ペニスの先から付け根まで膣に入っても大丈夫なんだよ。

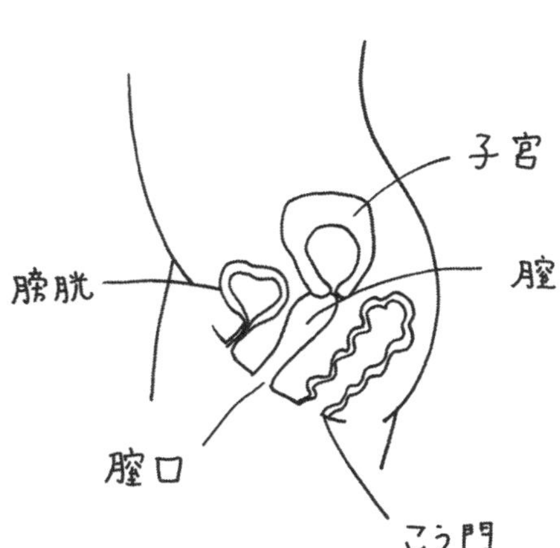

なので、図の通り、紐などのついていない「海綿」を膣に入れると、人の指では取れなくなる危険性がおおいにある。これを平気で膣に入れて良いと言うデリヘルのオーナーは、女性の身体を本当に何も知らず、後のことを考えていないんだ……。これではデリヘル嬢がいなくなっても他にいくらでもいるからいいと思ってるのと同じ。

ちなみに、自動車教習の合間で関わったオーナーが、つばきが最後に出会った性風俗店のオーナーだけど、彼は自宅を待機室にし、なんと小学生の娘と暮らしていると言っていた。信じられる？

結局、デリヘルでは女性の出勤を求められるとき、店側には女性の体調は考慮されない。経営状況が厳しいため、あくまでも店を回転させることを重視される。「もし稼ぎたいのなら、生理中でも海綿を入れて出勤して。こっちも助かるから」って。

一方、生理中の女性は出血により免疫力が低下し、より性感染症になりやすい。最近の一般企業では、就業条件で生理休暇をもらえる会社が増えているよ。そして、性風俗は関係なく、そういうときはパートナーとのセックスもしないで心と体を休ませることが大事。それをパートナーに理解してもらう必要がある。たった5日程度を我慢できない相手なら、厳しいようだけど、そこに愛はないんだ。

つばきは、デリヘルを辞めようとしていたのに、魔が差した。付き合っていた彼と、金銭の立て直し作戦もやると決めたのに、もうつばきの中ではデリヘルが生きていくための身近な武器となってたんだ。

ただ、私がこの本で何度も伝えた内容については、やっぱり学校や社会で教わってないよね？それに、性風俗業界に入ることがつばきの夢だったわけじゃない。つばきは「裏社会」から勧誘されて業界に入り、そして重要なことを理解しない人々を客として相手にした。それで、暴言を吐く産婦人科医が目の前に現れ、決定的につばきを傷つけた。

カンジダ発症者だと、感染症の「患者」。でも、性風俗で働いて海綿が取れなくなった女は、患者でもなければ、女性でも人間でもない。つばきは当時、世の中の多くの男性たちが「デリヘル嬢は、バカ。最悪」と思っていて、それが現在の風潮だと強く思っていた。

「回数が重なってもらう対価が増えれば増えるほど、逆に自分の価値や幸せはマイナスになる」

「性風俗で働くことは、自傷行為と同じ」

そしてそうなると、もはや「自分は女性(人間)じゃない」と、強く感じたんだ。だから医師にバカと言われたその日から、いろいろな男性に出会っても、心から男性を信じることができなくなり、彼らは「自分を女性と見ない、バカや最悪と思う天敵」になったんだ。

体を売ったことのある女性は、本当にこの世のすべての男性にとって「バカ」で「最悪」な存在？

そうじゃない、「被害者」なんだ。

性風俗で働いていたことですでにつばきの心は死んでいて、起こってしまった矛盾で怒りが生じ、その衝撃でつばきの心が目を覚ましたんだ。

あたしはバカじゃないって。

あの時のつばきに伝えたいこと⑪

- ✓ 女性は生理中、出血により免疫力が低下していて体調が落ちやすいので学校や仕事は休んでもいいし、セックスは断るべき。パートナーから嫌なプレイを望まれても断るべし！
- ✓ 体を売る女性は、この世の男にとっての「バカ」ではなく、被害者なんだ！

つばきは無事に
自動車免許を
取得
アキオの協力もあり
その後 一般の
会社に就職した
免許証

あるとき

つばきちゃん
どうしてる？
元気？
あっ山田さん
お久しぶりです

もう完全に
足洗ったん
だってね？
…はい
もう やる必要
なくなったんで

じゃあさ
友達とかで高収入が
必要な子いない？
その子が1回入ると
売上の10％が
つばきちゃんに入るよ
おいしいでしょ

誰かいたら
高い給料の
簡単な仕事だって
言ってくれればいいよ
……

もう辞めたし
関係ない…
自分がせずに
マージンが
入るなら…
つばきの心は
まだ闇に
侵されていた
いいですよ
紹介します

Aちゃんです
よろしく
お願いします
Aちゃん
よろしくね！
で…仕事内容
なんだけど…
……
えっ………
大丈夫
つばきちゃんもやってたし
1回1時間で
7000円だから
そうそう！
あたしは初月に
40万円稼げたよ！
イヤなら一回で
辞めたらいいんだよ！
うーん じゃあ…
お金必要なので…
つばきちゃん
Aちゃんの初出勤
のあと
続けられるように
必ず様子伺って
あげてね
こそっ
わかりました
Aちゃんの
デリヘルデビュー
の日の夜…
「おつかれさま
Aちゃん！
今日どうだった？
恐くなかった？」
大丈夫でした！
お客さんいい人で
した！ドライバー
さんもいい人でよ
かったです。
つばきさん、ありが
とうございます！
ちょっとずつ
続けてみます
よしよし！

つばきの当初の目標は、闇の世界を世間に知ってもらうための「潜入体験」だったのに、友達を紹介したことによって、結果的に人身取引（人身売買）の加害者になってしまった。

スカウトマンの山田から紹介の話を受けたときは、業界人を増やすことに少し躊躇した。でも、自分が嫌な目に遭ったのが悔しくて、誰かにそれをぶつけたい、そんな気持ちがあったんだ。その後は結局、Aちゃんのことがすごく心配になった。

業界には、オーナー、スカウトマン、風俗嬢に加え、「紹介者（元業界人）」がいる。店から「たくさん紹介すると、紹介した女性たちのマージンの合計が自分の稼ぎより上回り、最終的に自分が働かなくて良くなる」という説明があるんだ。

街中で声をかけてくる求人スカウトは、性風俗店に女性をひとり入店させると、紹介料のようなものがもらえる。世の中には性風俗で働く女性の稼ぎのマージンだけで生活してる人もいる。

つばきがデリヘルを始めた当初、「自分以外に迷惑はかからない」と思っていたのが、これで撤回されてしまった。自分の最初の決意に反して、歓楽街の求人スカウトと同様の立場となり、自分が受けた被害を知ったうえで「性風俗にまったく関わりのなかった女性を業界に入れたこと」が、実は私が業界に入っての一番の後悔であり、罪なんだ。

自分は辞めていても、そうしたことでまだ業界に片足を入れていることになる。

当時のつばきは、本当に人の幸せも自分の幸せも何も考えられず、すべてがどうでも良くて判断力が低下していたんだ。

ふつうの仕事やアルバイト（何度も言うけど、親や友人に言える内容の仕事）には直接的な「紹介料」などは基本存在しない。

でもなぜ性風俗にはそんなものがあると思う？　それは、性風俗業界はリスクが高く、ふつうの求人方法だけでは働く女性が入ってこないからなんだ。紹介で入る女性も多い。性風俗業界は、いかに一般業界からタブーな場所に人を呼び込むかにかかっている。

デリヘルは、「すぐ始めてすぐに辞められる」という手軽さがゆえ、足を洗ってからも出戻りしやすい。働き手の女性の入れ替わりが激しい現状から業界内にはネットワークが巡らされ、辞めようとしても、オーナーに「もっと良い条件の店がある」と、業界から離れることを止められることもある。

いくら自分自身はもう業界で働いてなくて直接的には傷つかないとしても、自分の知り合いが自分と同じようにこの後に傷つく可能性があることや、本当にその人も自分も双方が幸せになれるのかを考えなければならない。業界に知り合いを紹介しても、何も良いものを生み出さない。だから、もし、逆に自分が知り合いに誘われた場合も、誘ってきた人との関係性と自分の人生のどちらが大切かを天秤にかけて。もし、両方大切なら「それは危ない業界だよ、人身取引には関わらないで、ふつうの社会に復帰したほうがいい！」と逆に止めて、自分のいる場所に引き戻してあげる必要がある。性風俗で働くことを続けさせることは、尊重ではないと思うんだ。

私がAちゃんを業界に入らせてしまったことを、償うことはできない。

でも、今を生きるみんなはそうじゃない。この世界で生きるということは、何があっても誠実でないといけない。人に流される前に、一度立ち止まって考えてほしい。

あの時のつばきに伝えたいこと⑫

✓ 風俗業界に入ると周りの誰かを巻き込むことにもなる。

✓ 紹介で騙されて入る風俗業界人も多いんだ。

✓ 理不尽(りふじん)なことにはNOと言おう。

自己破産でチャラに!?

う～ん
まだまだあるな…
消費者金融って
金利バカ高い
からな～
破産手続きとか
できるんじゃ
ないの？
「破産」？
もん
もん
そうだよ
借金が
チャラになる
チャラに!?
あたしもう
破産したいよ!!
破産したらカードとか
使えなくなるらしいぞ
つばきがもし
俺と結婚したら
苗字変わるから
逃げられるかもなぁ…
※できません。
え!?
結婚で借金チャラ!?
それいい～
結婚
待てつばき！
おまえのことを
人として大切に
思ってくれてる
人たちは誰だ？
ん？
結婚てそんなもの
だっけ？

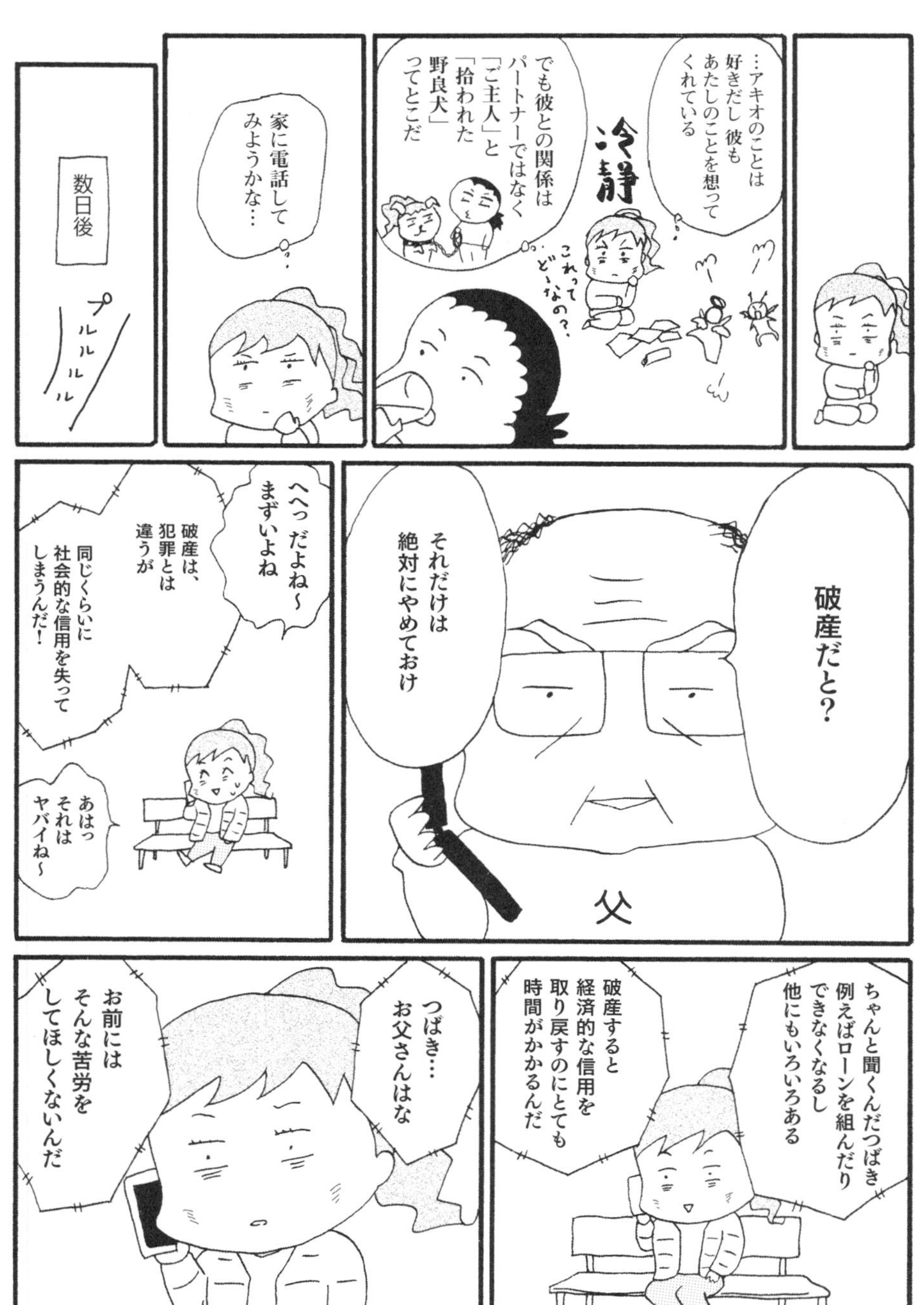
…アキオのことは好きだし 彼もあたしのことを想ってくれている
冷静
これってど〜なの?
でも彼との関係はパートナーではなく「ご主人」と「拾われた野良犬」ってとこだ
家に電話してみようかな…
数日後
プルルルルル
破産だと?
それだけは絶対にやめておけ
父
へへっだよね〜まずいよね
破産は、犯罪とは違うが
同じくらいに社会的な信用を失ってしまうんだ!
あはっそれはヤバイね〜
ちゃんと聞くんだつばき例えばローンを組んだりできなくなるし他にもいろいろある
破産すると経済的な信用を取り戻すのにとても時間がかかるんだ
つばき…お父さんはな
お前にはそんな苦労をしてほしくないんだ

わかるか？
うん…
わかる…
とにかく
司法書士に
頼んで
消費者金融との
間に入って
もらえ！
お父さん
誰と
話してるの？
わかった
明日、
司法書士さんの
ところへ
行けるか？
ううん
わかった
それが終わったら
お父さんにまた
電話するんだ
うっうん！
電話する！
じゃあ
また
「人として
そうなって
ほしくない」
お父さん～!!
ありがとう
父と話したのは
数年ぶりだったが
つばきに淡々と
やるべきことを
伝えてくれた
♪♪♪
あっお兄ちゃん！
久しぶり…
どしたの？
おまえさー
昔からバカなこと
しかしねーよな

破産なんかヤバイに決まってんじゃん
ザッ
も～！わかってる！もういいからこれ以上何も言わないでよっ
やっぱ知られてた
で、親父に聞いたけどいつ家戻って来んの？
あたし…帰ってもいいの…？
いんじゃねーの
兄からの用件は「早く戻って来いよ」だった
消費者金融やデリヘルに手を染めた自分が本当の自分ではないと気づき
つばきは実家へ帰ることに決め彼のアキオとは話し合いのうえ別れることになった
さみしいけどな…
なんとなくわかってたよ
父は数日後になんと車で900㎞の距離を走ってつばきを迎えに来た
ぶびゃ～～ん!!
つばき
おかえり
ただいま…！

もう気づいてるよね？　つばきは、結局、デリヘルでは借金を返せなかった。

つばきは、返済する目途を立てずに消費者金融を利用した結果、ある特定のカード会社の「ブラックリスト」に入ることになった。

ブラックリストとは、お金を借りて、返すことができなくなった場合、その顧客の「事故情報」が、重要情報として記録されること。事故物件のようなもので、名前の横に印が入るんだ。

ブラックリストという名前のリスト自体は存在していないが、その個人の「事故情報」の印のことが一般にそう呼ばれている。

銀行口座やクレジットカードを作るときや家を借りるときに身元が確認される。そのときの水面下では「返済能力」というものを成績のようにつけられているんだ。なので、一度システムに事故情報が載ってしまうと、そのクレジットカードだけじゃなく、ほかのカードや不動産会社も使えなくなる。

そして、つばきが司法書士に相談して行ったのが、債務整理。それにはいくつかの種類があるんだ。ここからは、ちょっと難しい話だけど、実際に困ったときに読んでほしいから知らせておきたい。

債務整理とは、借金の種類が増えて一回の返済額が現実的ではなくなった場合、それぞれの金融会社との間に司法書士や弁護士が入り、支払いの取り立てをいったん止めること。その際に、司法書士らが間に入るので一定料金を払うことになる。債務整理を行う場合は、近くの法律事務所に相談ができる。

その債務整理には、任意整理、そして民事再生、自己破産などの種類があって、つばきが実際行った手続きは「任意整理」。

任意整理とは、複数の会社の借金をすべて合算して一社にまとめ、返済できるよう現実的な金額と利子、回数で計算し直す手続き。

つばきの場合は、利子をつけてそのまま返し続けるよりも、任意整理を行ったほうが現実的だったんだ。

人は多額の借金が目の前にあると、その窮地のことしか考えられなくなり視野が極端に狭くなる。知識が少ない場合はつばきのように高金利の消費者金融や性風俗など高収入バイトに頼ってしまうことがある。最悪、薬物に手を出したり自殺や一家心中をしてしまう人もいる。

つばきは、当時付き合っていたアキオに言われて自己破産も考えたんだけど、お父さんは反対してたよね。

自己破産とは、財産がなく、借金を返済できないことを裁判所に認めてもらい借金をなくすこと。このことは裁判所に事件として記録され、一定期間は誰でも見ることができる。

漫画では省略したんだけど、最初、つばきは破産の手続きをしようと裁判所へ行ったんだ。しかし、そこで事務員に「少額」と判断された。なので、つばきは任意整理することにしたんだ。

自己破産の手続きを取った場合も、もし戸籍が変われば書面上で自己破産をしてない人になれる、とアキオは言ったんだけど、実際は、（結婚などで）名字が変わっても自己破産したという事実は書面上でもごまかすことはできない。また、つばきのお父さんが言っていたのは、手続き上の話だけではなく、「借金から逃げることは、人としてやってはいけない」ということ。借りたものはすべて返さないといけないとお父さんは教えてくれたんだ。

つばきの場合は、帰る家があって生活を支えてくれる人たちがいたんだけど、現実はそうではないこともあるんだ。むしろ、元々から施設で育って両親や実家がなかったり、いざというときに頼れる家族がいない子たちがいるけど、そんな子たちが性風俗に入るケースも多いんだ。だから、つばきが家族の手を借り、性搾取からのがれられたのは、つらいなかでも幸運が重なった結果だと思う。

２０２３年８月のニュースで出ていた20代の「頂き女子」。風俗嬢だった彼女は、ホストに払うために男性を騙してお金を稼いで詐欺容疑で逮捕されたよね。実は彼女も、つばきと同じく、

自己破産と任意整理

自分の生活がどうにもならなくなって、気づいたらその場にいたという被害者のひとりなのかもしれない。もう少し早く自分の状態に気づき、誰かに助けを求めていたら、この結果にならなかったかもしれない。

だから、たとえ、どんなケースで性風俗に入ったり、性被害に遭っても、勇気を出してその現実がつらいことを誰かに伝えることがとても大切なんだ。そのために、全国にはさまざまな支援団体や相談窓口がある。本の最後にリストを載せているので、その存在のことも知っておいてほしい。

さて問題。アキオとお父さん、どっちがつばきを愛していると思う？　答えはもうわかるよね。家族や友人が、自分の心の中にいて頼りたい気持ちがあるなら、相談してもいいんだ。自己完結しないで！

法的なこと（遺産相続や戸籍などさまざまな手続き）もあるけど、何より家族は自分を知っているいちばんの理解者であり、これまでの自分と誰より長い付き合いがあり、今後も付き合っていくからなんだ。

「そもそも、家族という存在が自分にはいない」という人も少なくない。しかし、「家族とは血がつながっている人だけ」とは思わなくてもいい。自分のことをいつも心配し、連絡をくれたり、健康と将来のことをいちばん考えてくれている人が「家族」。親戚、おばあちゃん、血の繋がってない先生や先輩……自分を気にかけてくれる友人を家族と呼んでもいいんじゃないかな。自分で生きていくうえで、どうしてもうまくいかないと思ったら、その人に頼ればいい。

もし、つばきが逆に家族のお世話をする立場になるときも、当事者であるその家族のことが大切な気持ちをあきらめないで話し合っていこう。

つばきは、家族や友人と自分から離れ、自分からまた戻った。たくさんの失敗をし、家族や友人を大切にできるようになり、人として、大人として、自分で生きていけるようになったんだ。

サイクルを断つ

たまに見かける「ひとりで悩まないで」の広告、CMや小さなステッカー。あれは、社会において重要な役割をもっている。例えば、家庭内暴力を受けている人、AV出演を強要された若い女性、子育てが大変すぎて子どもの存在が重荷に感じている人、自分の性に悩んでいる人、人生終わりにしたい人……。この世界には、つばき以外にも誰に相談したらいいかわからずに悩んでいる人がたくさんいるけど、その人たちからのSOSを受け止めてくれる人が必ずいるんだ。

「人に頼ること」は、これからの生活でできるようになっておきたいこと。それは、つばきの家族・友達・パートナーも同じ。その人は自分ひとりで何かを抱え、苦しんでいるかもしれない。もし、その内容を話して解決に直結しなくても、抱えているほうはそのことを話して外に出すことで、かなり楽になると思うよ。

これからの長い人生、大変なことがたくさんあるのは当たり前のことなんだ。みんな同じ空の下でがんばって生きている。そのことを忘れないで。

家族との団らんの時間で
わい
わい
つばきは元の精神状態を取り戻していった
つばきあんな顔だったよな
よし！これまでの人生は封印じゃ！
ハロー ワーク
つばきは「職業訓練」に通うことにした
私は生まれ変わるのよっ
ハローワークの職業訓練ではさまざまな人たちが同じ教室に通っている
今年2回目の転職なの
私は52才主婦だよ〜
つばきは前向きに仕事を探す人たちから刺激を受けた
同時に借金については司法書士に相談し
「任意整理」を具体的に進めていくことになった
では 現実的に返済できる金額と回数に計算しなおしましょう
司法書士
お願いします。

4カ月後…
やったー！採用通知がきたー！
つばきは実家から通える会社に就職
約95万円の借金を月々4万円で返済していくことに
しかしクレジットカードについては
しばらく現金だけの生活かぁ
任意整理後5年間作成を拒否された
気を付けないとね…
借金は28歳になってようやく返済完了
イェーイ〜終わった〜
そして
荷物これで全部？
うん！
気ぃつけてなぁ
あたし…なんとか生きていけそう
ありがと！行ってきます！
なんか幸せだっ！

あとがき

つばき

「何でも、気になることには挑戦してみなさい」

私が幼少の頃、父によくそう言われていました。実家にはワープロ（ワードプロセッサー）があり、それでタイピングに挑戦、物語を書きかけました。その内容は、自分が過去へ行き過去の自分を助けるタイムスリップもので、物語のタイトルは「タイムトラベラー」。本書はそれを全面的に書き直しノンフィクションとして仕上げた長編と言えます。記憶の断片の中に本を書きたい自分がいたのです。

本を書くためにまずやるべきことは「どんな人に読んでもらいたいか」を決めることでした。「デリバリーヘルスの実態」――私は最初、そんなタイトルの本を考えていました。でも、それで手に取るのは、業界人か裏社会をネタとして消費したい人ではないか？　と思うようになりました。最終的に、文章や自分の身体、社会についてより多く学び、読んでもらいたいのは性風俗業界に足を踏み入れる前の若い人だと気づきました。

本書の構成に組み込まれている文章、漫画、医療知識、どれも私の得意分野ではありませんでしたが、あきらめずに進めているとさまざまな協力者ができ、「過去の自分を愛し癒やしたい、これ以上自分のような被害者を生み出したくない」と思えるようになりました。

私がデリヘルを辞められない状態になっていたとき、産婦人科医に「あんた、バカ？」と言われました。それが、ある意味潜入捜査の答えであり、自分を大切にしなかったことが招いた結果です。しかし、私の経験は、世の中の矛盾として取り上げられるべきものでした。

今回の出版のために参考にさせていただいた本が2冊あります。『サバイバー』（マルセーラ・ロアイサ、ころから、2016年)と、『道一つ越えたら崖っぷち』(ポムナル、アジュマブックス、2022年)です。『サバイバー』を執筆されたマルセーラさんの受けた性被害は、私とは比べものにならないほどのものですが、この本も、性被害を世に問いたいし、そうしても生きていけるということを伝えたい気持ちは同じだと思っています。

そして、執筆を進めていくうえで、私のペンネームを考えようとしていたとき、『道一つ越えたら崖っぷち』を拝読しました。著者ポムナルさんのペンネームの意味は「春の日」。長期間に渡る性被害を受けた経験を経て訪れる春の日に対し、私の著者名は、心にいまだ春が来ておらず「冬が一生残り続けたとしても、謙虚に咲き続けたい」ことから、真冬に開花する「椿」にしました。

どちらにも共通して、性被害を受けたことを公にすることは隠すべき恥ではなく、同じ思いをする人を生み出さないための大切なアクションだと伝えてくれました。私にとって正義感があって、強く美しい行動だと思っています。

◉

もし、小中学生に性のことをきかれたとき、どうしますか? 「知らぬが仏」ということわざは、本書には縁がありません。真実を隠そうとすると、中身は余計に巧妙であくどいものとなり、その蓋の隙間から中身が中途半端に漏れていくのです。

最近は、情報や新しいものが生まれ変化していくスピードが加速していますが、その一方で、自分の人生はおよそ90年。「若い人にはついていけない」ではなく、だからこそ、彼らがどんな手段で何に目を向けているのかに興味をもちたいのです。一緒に学ばせてもらい、「大人になっても本当は学校に行きたいくらい学ぶべきことがたくさんある」「大人にも泣きたくなることはあり、それは恥ずかしいことではない」、そのことを若い人にも理解してほしいです。

私はデリヘルの勧誘に直面した当時、かつてさまざまな国を旅し人より社会問題に対する意識が高かったはずの自分にそんなことが起こるわけがないと思っていました。しかし、「性風俗に無縁な人」でも、業界に直面することはあり得るのです。

もし、当事者に出会ったら、「あなたは気づいてないかもしれないけど、売春は犯罪だし、あなたは性犯罪にも遭っているんだよ」と伝えてください。その人たちは売春防止法の「違反者」となることもありえる、性の「被害者」なのです。

私がデリヘル嬢だったとき、お客さんからこう言われました。

「ルルちゃんはここにいちゃだめだよ。こんなことは早く辞めたほうがいい」

この発言は、間違っています。すでに私を買ってしまったこのお客さんに、こう言う資格はないのです。「こんなこと」と言うのであれば「私」を買うべきではなかった。このお客さんが、これからも今まで通り、周りから「人間」として接してほしいのなら、性風俗に関わる人を、この社会で生きる人々と同じ「人間」として考え、向き合うべきです。

性風俗は、世界最古の仕事と言われていますが、古き良きものではありません。昔から行われている負の歴史の残骸であり、人身取引です。

「働く」という字の語源は、「傍(はた)を楽にする」=傍(近く)にいる人を楽にしてあげるという意味からきているとも言われています。

しかし、性風俗かどうかは関係なく、「嫌な仕事をやってあげている」という上から目線で仕事をすると、相手の前で自然とその態度が出てしまうのです。しかも、デリヘル嬢だった頃の私は「私はリストカットをしているわけじゃないから、正気」と、思っていましたが、していたことは仕事ではなく自傷行為です。

そのような行為である性風俗で収入を得て、人として扱われなくなってしまうと、自分もあらゆる場面で人を人として接することができなくなるかもしれません。

自分という存在は、「迷い」の思考になると二人に分かれることがあるのですが、それらは漫画に出てきた「こころの天使とこころの悪魔」。それは「葛藤」というものです。

「ねえ、つばき。これでいいの？ 本当に？」

と、自分の中に、もし、前向きな思考（漫画に出てきた「こころの天使」）が存在しているのなら、その存在が自分をひっぱってくれます。

自分が本当はどうしたいのか。決めたその答えは、はたして自分や関わる人に対して誠実で、解決になるのか。自分や誰かを痛めつける結果にならないか。

自分の中の悪魔が大きくなり、天使が弱く小さくなって消えてしまう前に、「自分はきっと大丈夫」と、小さな希望をもってください。私は業界を完全脱出し、「自分を愛し、人から愛されること」を一から歩み直しました。そして、ネットで月30万稼げるという詐欺に遭いましたが、今は好きな仕事をして、同等の月給を受け取っています。

人生は一度きりですが、人はその人生で何度でも生まれ変わることができるのです。自分を変えられるのは自分しかいません。

幼い頃からの「自分の思い」。漠然とした考えや、信じているものはありますか？　人を笑わせたい。食べることが好き。何でもいいのです。好きなことは、自分を象徴します。それが、人生に大きく関わっていきます。その感覚を思い出し、自分の軸としてもって具体化し続けていってください。人生で何かに迷うとき、きっとそれが道しるべになるはずです。

私が思い描いているのは、日本中の歓楽街が緑と人の笑顔あふれる公園や健全な商店街となり、性風俗を含む人身取引が「負の世界遺産」となる日が来ることです。

今、芸能界の一角では性暴力の摘発が波紋を呼び新型コロナウィルスの影響で「夜の街」と呼ばれる歓楽街は、よりいっそう厳しい現実にあり、同時に売春防止法や児童虐待防止法の改訂が行われようとしています。世界が大きく変わろうとしているこのときに本書を出版することが、その未来に近づくアクションのひとつとなることを願っています。

本書の制作には、ころからの代表木瀬貴吉さん、池田愛子さん（文章構成指導・編集）、うなばらももさん（作画）、上野祥法さん（出版指導）、高橋幸子さん（産婦人科医）、豊口佳奈さん（助産師）をはじめ、多くの方にお力添えをいただきました。本当にありがとうございました。

そして、私の背中を押してくれた、マルセーラ・ロアイサさん、ポムナルさんに心から感謝いたします。

作画担当者からの「あとがきに代えて」

うなばらもも
Momo Unabara

著者のつばきさんに作画を担当してほしいとお話をいただき、本の内容を知った時は正直びっくりしました。私の人生では一切関わることがないだろうと思われる業界のお話だったので、どうやって表現しよう？　と色々悩み、ただ〝暗い雰囲気〟にはしたくなかったのでできるだけコミカルに描くことを心がけました。

本作に出てくるつばきは、一見普通の女の子。とても大変な体験をしてしまいますが、つばきのように両親と実家が救済の場所になったのはまだ幸せなことだったんだと思います。実際に風俗で働かざるを得なくなった女の子たちにはさまざまな事情や背景があり、簡単には抜け出せない子たちもたくさんいるんだと思うのです。

「本当はこんなことしたくないのに」と思いながらも、ただお金を稼ぐため日々男性の相手をする、社会的に逃げ場のなくなった若い女性と、業界と利用者の負の三角関係…。今回この本に携わることで初めて知ることがたくさんあり、改めて日本社会の闇というものをいつも以上に考えさせられました。

性虐待や性搾取というものが世の中に認知されてきている昨今ですが、今の若い人たちに性に対する間違った認識がまかり通らないように、私たち大人がちゃんとした知識を身につけておかないといけないんですよね。

つばきに「あんたバカ？」と言った産婦人科医は、つばきが闇の業界から脱出するきっかけを作ってくれた救世主だったんじゃないかと私は思っています。

この本を通して、たくさんの個性あるキャラクターを描くきっかけを頂いたつばきさんと、漫画編集を担当してくださった池田さんへ心より感謝いたします。

海外旅行
いったん
やめとく…？
やめない！

未来のことは
わかんないし
正直 こわいよ
だけどせっかく
つばきさんが
教えてくれたから
あたしが海外で
「日本はこんな国」
ってことを
現地の人に
伝えてくる！
そんなこと
しても
意味ないよ～

未来は
変えられる！
何から
始めようか？
そうだなー
行く国の言葉で書いた
日本の長所と短所を
その国の人と
仲良くなって
一緒に読むとか!?

その動画を
配信しながら
旅すれば
一石二鳥～！
いいねいいね！
じゃあ具体的に
どうしようか？

でもちゃーんと
後のことを
考えるんだよ～
肖像権 著作権
うんたら…
うん！
調べることは
持ち物の準備と
同じだもんね！

でも挑戦は
やめないよ！
エジソンも納屋を
燃やしてまで
実験を続けたって
いうからね！
やっぱ
あんた
バカ？

ところで その後
つばきさんは
良いことも
幸せなこととかあったの?…
もちろん!
海外旅行は
めちゃくちゃ楽しかったし
その後 いろんな目標を
立てて達成してきたよ!
ぷう
ワープロで
書きかけてた
「タイムトラベラー」
もね
「ワープロ」?
何それ?
つばきが大人に
なったら
思い出すかもよ!
意味
わかんなーい
タイム
トラベラ〜?
それよりさぁ〜
出会いはあったの?
結婚は?
できるの?
彼氏は〜?
わく
わく
つばき!!
あんたまだ
みよこちゃんと
電話してんのー!?
明日学校でしょー!!
お母さん
でかい声だな
ホント
おっと
じゃあ私は
元の世界に
戻らなきゃね
天使と悪魔
つばきを
よろしくね!
え〜まだつばきに
付き合ってくの〜?
めんどくさ〜
何言ってんだよ…
おまえとセットだから
出させてもらってんだぞ
ありがとう!
つばきさん!
あたし
自分を大切に
するねー!!
あ。
ぱた

解説

本書を読む大人たちに知ってほしいこと

高橋幸子（産婦人科医、埼玉医科大学助教）

この本は、これから風俗業で働いてみようかなという女の子や、そんな女の子の周りにいる大人たちも手に取ってくれるのではないかと思います。周りにいる大人のひとりである、私自身を振り返りながら、どんな寄り添い方ができるかを読者の皆さんと一緒に考えてみたいと思います。

■ 子どもから相談してもらえる大人になるために

高校生が口癖のように言います。「親にだけは言えない」。どうしてそう思うのでしょうか。保護者の立場から言わせてもらえば、相談してもらえなかったという事自体が、寂しいことです。ちょっと手を離れたとはいえ、かわいいわが子です。相談してくれれば（びっくりして大きい声を上げてしまったりするかもしれないけれど）、一般的にはどんな時にもわが子の味方に、最後の最後まで味方になってくれるべき存在が保護者です。私たち大人はどうすればわが子からたよってもらうことができるのでしょうか。

◆ナナメの関係を築く

結論は、「保護者には言えないから、ナナメの関係の大人を用意しておく」ことです。親には言えないけれど、幼馴染の友人の親御さんになら打ち明けられる……私も、そんなナナメの関係の大人として、相談を受けられるようにいつでも準備をしておきたいなと思います。

では、どうしたら相談される大人になることができると思いますか。ここで突然ですが、あなたはスマホをなくしたことがありますか。先日私はスマホをなくしてしまいました。1週間後には無事に手元に戻ってきましたが、それはそれは不便な7日間でした。スマホをなくして一番困ったことは、電車内で乗換え検索が見られないことでした。そこそこ図太くなっているお年頃ですから、「電車内の親切な誰かに声をかけて調べてもらえないかな?」と図々しいことを思いつき、さてどの人に話しかけようかな、と周囲をきょろきょろと探してみました。

前に座っていた3人は、それぞれにスマホの画面に夢中でした。こんな状態の人に「私の乗り換え検索をして」なんて話しかけることははばかられました。電車に乗ってから10分ほどして、後ろの席の人が立ったので、私は座りました。この時同時に横に座った同年代の女性が、何もせずに一息ついていました。「あ！　今、この人になら話しかけられる！」と思い切って乗換案内を見てもらえないか尋ねました。「あら、スマホなくしたの、大変だったわねえ」と言ってその女性はわたしの困りごとを解決してくれました。

私は普段、性教育で子どもたちに、「困ったことがあったら大人に相談してみて。一人目がダメでも、三人目まではあきらめないで」と伝えているのですが、これを大変反省しました。今回は一人目の女性が解決してくれたけど、もしこの方にやさしくしてもらえなかったら、ましてやこっぴどく馬鹿にされたりしたら……次の大人を探して相談しようなんて思えなかったでしょう。私は今までなんと酷なことを子どもたちに言ってきたのだろうと思いました。

◆スキを見せる

そして、もう一つ気が付いたことは、相談をしてもらうには、暇そうにしていること、スキを見せることが必要だという事です。いつも何か忙しそうにしていたら、話しかけることすら躊躇してしまうんだということが、よくわかりました。

つばきさんは借金ができた時点で、素直に親御さんに告白することはできなかったのかな……と感じます。しかし、医学部5年生の23歳のころの自分を振り返ってみると、30万円くらいする美顔器を購入してローンを組まされたことがありました。あの頃のお肌なんて、何のお手入れもいらないくらいキレイだったというのに（苦笑）。そしてそのことは親には言えず、美顔器自体を親にばれないようにこっそり使っていたくらいでしたから、私もつばきさんのことをとやかく言うことはできないかもしれません。
大人だって過去には失敗を経験しながら成長してきたんだという事、それを隠さずに子どもたちに伝えておくということが、子どもたちがこれからの成長の中で何か失敗をしたときに「この人なら相談することができる人だ」と思ってもらえるという事なのではないでしょうか。

■ 風俗業という勤務形態

でも、いくらお金が必要になったとしても、すべての人が風俗業に従事するというわけではありません。自分がどんなに困ったとしても自分の性を差し出すことまでは考えない人も多いでしょう。いわゆる〝フカソ〟（社会的な意味でふかふかのソファーに座っている、共に女性の権利を求めているように見えて、実際はぬるい状態であることを指摘して揶揄（やゆ）するときに使う言葉）と呼ばれてしまう側の目線であるかもしれませんが、このことを考えてみたいと思います。

◆風俗業で、性的同意は成り立つのか？

まず、性的同意について。すべての性的なコミュニケーションの一つ一つにお互いの「積極的なYES！」が毎回必要です。昨日はYESでも今日もYESとは限りません。YES以外はすべてNOです。2023年7月に刑法が一部改正され、施行されました。改正された刑法の罪名が「不同意性交等罪」で、同意のない性行為を許さないと法律が明言してくれています。恋人や、結婚している夫婦の関係でも、毎回、同意の確認が必要です。上司と部下、教師と生徒、先輩と後輩などの対等ではない関係性の時にはNOを言いにくい状況があるということも踏まえて「断ってもこの先に不利益はない」ことを誘う側が保障する必要があります。

◆「金銭授受を伴う性行為」はそもそも平等ではない

それでは、風俗業界で働く女性側にとって、同意は尊重されているといえるのでしょうか。

つばきさんは「客からの虐待行為」と表現していますが、刑法が改正となり、同意のない性行為は「不同意性交等罪」として、「犯罪」となることが明確に示されています。

そもそも金銭の授受を伴う性行為という時点で、上下関係が発生しています。対等な関係性ではなく、「いやな時にイヤだということが難しい状況である」ということが大前提にあります。非常に脆弱(ぜいじゃく)な存在です。

いくらなら十分といえるという訳ではありませんが、それにしても金銭と引き換えに自分の尊厳や体を相手に明け渡すには、時給7000円はあまりにも安い。絶句してしまいます。風俗業を選択せざるを得ない環境にある女性を責めるだけではなく、他の仕事や社会福祉でも十分に生活できるように、まずは当事者たちへの調査が必要です。でもデータをとりにくいのが泣かせどころです。だからこそ、つばきさんが今回潜入ルポ(のつもり)で体当たりして、見て聞いてきたことを伝えてくれるこの本は、大変貴重で価値があるものだと感じました。

◆**産婦人科医**

はじめに出会った優しい女性医師、次に出会ったイラつく男性医師のお二人が登場しました。今、つばきさんのこれまでの人生を振り返った時、「あんた、バカ?」と言った男性産婦人科医は、風俗からの離脱のきっかけを与えてくれたと考えれば結果的には恩人なのかもしれません。

でも、「愛のある『バカなの?』」ではなかったとつばきさんは感じていました。産婦人科医は「女性の人生の選択を否定することなく、からだのメンテナンスのお手伝いをさせていただく立場である」ということを肝に銘じつつ、危なっかしい人生を歩んでいる女性と出会ったときにどう寄り添った言葉をかけてあげられるかな……。

ゴールは一般的に考えがちな「離脱させる」ではないかもしれません。「本人の選択を支える」「知識がないために無防備な行動をしているのであれば補足する」「本人が自分の意見を持つ」「再び困った時に相談してもらえる関係性を維持する」をゴールとして、自分が彼女の家族や友人でもある医療従事者や周囲の大人だったとしたらどんな声をかけるかな。これからも考え続けていきたいです。

◆**すべてを受け入れてくれるパートナーとの出会い**

最後に、どうやって風俗業から離脱することができて、その後の人生をどう歩んできたのか。私は今回そこに一番の関心がありました。外来診療で出会う方たちにどんな言葉をかけることがよいのか、ヒントが得られると思いました。つばきさんは借金をかかえつつ「潜入取材のつもりで」「好奇心で」風俗業を始めたわけですが、結論から言うと、「全てを受け入れてくれるパートナーとの出会い」が必要だったという事です。このことは私がこれまで思春期外来で出会ってきた、無防備に思える性行動を繰り返してきた女の子たちにも共通することでした。

では、医療従事者として彼女たちに出会った時の私たちからの声がけや、大人からの意見は、何の意味もないのでしょうか。そんなことはありません。いや、そんなことはないと信じたい。まずは、話を聞かせてもらうことから、近くにいる存在でありたいです。

◆性教育でハッピーなあなたに。ハッピーな社会に

性教育を仕事にしている私には、信条があります。「性教育を一人ひとりが学んでハッピーになるのは最低限当たりまえ。みんなが一緒に学ぶことで、社会全体をよりよくしていくことができる」

医療の現場で、教育の現場で、日常生活のなかで、みんなが心地よく生活できる社会にするための努力を、空気の醸成を、大人として努力していかなくてはいけません。

最後につばきさんや過去のつばきさんみたいな女の子たちに、エールを送りたいと思います。あなたのからだはあなたのもの。誰かと比べたりする必要なんてない。人生の選択肢を知り、自分で選び取って、ハッピーに過ごしてください。

困った時の相談先リスト

性風俗の業界から抜け出したい、けれどどうしていいか分からない。パートナーや知り合いから性行為を強要されている。
そんな人のための公的機関や民間のサポートがあるんだ。
国も「困難な問題を抱える女性への支援に関する法律」をつくって、各都道府県に対して、支援するよう定めているので、ひとりで思い悩まないで、ここに記した相談先に連絡してみてね。
相談員に話したことは、個人の秘密として守られるようになってるんだ。

性犯罪・性暴力被害者のためのワンストップ支援センター

はやくワンストップ

全国共通番号 #8891

行政が関与する「性犯罪・性暴力被害者のためのワンストップ支援センター」一覧

1/4

北海道・札幌市	性暴力被害者支援センター北海道「SACRACH（さくらこ）」	**050-3786-0799** メール：sacrach20191101@leaf.ocn.ne.jp
北海道・函館市	函館・道南SART（サート）	**0138-85-8825** メール：dvhelpe@msc.ncv.ne.jp
青森県	あおもり性暴力被害者支援センター「りんごの花ホットライン」	**017-777-8349**
岩手県	はまなすサポート	**019-601-3026** メール：HP内の相談フォームから送信
宮城県	性暴力被害者相談支援センター宮城「けやきホットライン」	**0120-556-460** （宮城県内専用フリーダイヤル） メール：https//:miyagivsc.jp内相談フォームから送信
秋田県	あきた性暴力被害者サポートセンター「ほっとハートあきた」	**#8891** 但しNTTひかり電話の場合は **0120-8891-77** メール：県内HP内のメールアドレスをコピーして送信
山形県	やまがた性暴力被害者サポートセンター「べにサポ やまがた」	**023-665-0500** メール：HP内の相談フォームから送信
福島県	性暴力等被害救援協力機関 SACRAふくしま	**024-533-3940**
茨城県	性暴力被害者サポートネットワーク茨城	**029-350-2001** メール：https://www.ivac.or.jp/network/index.html内相談フォームから送信

栃木県	とちぎ性暴力被害者サポートセンター「とちエール」	**028-678-8200**
群馬県	群馬県性暴力被害者サポートセンター「Saveぐんま」	**027-329-6125** メール：**https://savegunma.jp/form.html** 内相談フォームから送信
埼玉県	彩の国犯罪被害者ワンストップ支援センター 性暴力等犯罪被害者専用相談電話「アイリスホットライン」	**0120-31-8341** メール：**https://www.svsc8080.jp/iris/** 内相談フォームから送信 オンライン（Zoom）相談可（要予約）
千葉県・千葉市	NPO法人 千葉性暴力被害者支援センター ちさと	**043-251-8500**（ほっとこーる）
千葉県	公益財団法人 千葉犯罪被害者支援センター	**043-222-9977**
東京都	東京都性犯罪・性暴力被害者ワンストップ支援センター 「性暴力救援ダイヤルNaNa」	**03-5577-3899**
東京都	警視庁・性犯罪被害者ホットライン	**03-3597-7830**
神奈川県	かながわ性犯罪・性暴力被害者ワンストップ支援センター「かならいん」	**#8891**または**045-322-7379**
神奈川県	男性及びLGBTs被害者のための専門相談ダイヤル	**045-548-5666**
新潟県	性暴力被害者支援センターにいがた	**025-281-1020** メール：HP内の相談フォームから送信
富山県	性暴力被害ワンストップ支援センターとやま	**076-471-7879** SNS：HP内のLINEアカウント紹介ボタンより相談可能
石川県	いしかわ性暴力被害者支援センター「パープルサポートいしかわ」	**076-223-8955** メール：HP内の相談フォームから送信
福井県	性暴力救済センター・ふくい 「ひなぎく」	**#8891** または **0120-8891-77**
山梨県	やまなし性暴力被害者サポートセンター「かいさぽ ももこ」	**055-222-5562** メール：HP内の相談フォームから送信
長野県	長野県性暴力被害者支援センター 「りんどうハートながの」	**026-235-7123** メール：**rindou-heart@pref.nagano.lg.jp**
岐阜県	ぎふ性暴力被害者支援センター	**058-215-8349** メール：HP内の相談フォームから送信 SNS：HP内の二次元コードからLINE友だち登録

静岡県	静岡県性暴力被害者支援センター SORA	**054-255-8710** チャット相談：https://sorachat.jp
愛知県	ハートフルステーション・あいち	**0570-064-810** 愛知県からのみ通話可能
愛知県	性暴力救援センター 日赤なごや なごみ	**052-835-0753**
三重県	みえ性暴力被害者支援センター よりこ	**059-253-4115** メール：HP内の相談フォームから送信
滋賀県	性暴力被害者総合ケアワンストップびわ湖 SATOCO（サトコ）	**090-2599-3105** メール：satoco3105biwako@gmail.com
京都府	京都性暴力被害者ワンストップ相談支援センター京都SARA（サラ）	**075-222-7711**
大阪府	大阪府 性暴力救援センター・大阪 SACHICO	**072-330-0799**
兵庫県	ひょうご性被害者ケアセンター 「よりそい」	**078-367-7874**
兵庫県	特定非営利活動法人 性暴力被害者支援センター・ひょうご	**06-6480-1155** メール：hyo-5@1-kobe.com
奈良県	奈良県性暴力被害者サポートセンター NARAハート	**0742-81-3118** メール：HP内の相談フォームから送信
和歌山県	性暴力救援センター和歌山「わかやまmine（マイン）」	**073-444-0099**
鳥取県	性暴力被害者支援センターとっとり （クローバーとっとり）	**0120-946-328** （県内専用フリーダイヤル）
島根県	性暴力被害者支援センター たんぽぽ（島根県女性相談センター内）	**0852-25-3010**
島根県	一般社団法人 しまね性暴力被害者支援センターさひめ	**0852-28-0889** メール：HP内の相談フォームから送信
岡山県	性暴力被害者支援センター 「おかやま心」	**086-206-7511**
広島県	性被害ワンストップセンターひろしま	**082-298-7878**
山口県	山口県男女共同参画相談センター 「やまぐち性暴力相談ダイヤル あさがお」	**083-902-0889**
徳島県	性暴力被害者支援センター よりそいの樹 とくしま（中央・南部・西部）	中央 **088-623-5111** 南部 **0884-23-5111** 西部 **0883-52-5111**

香川県	性暴力被害者支援センター 「オリーブかがわ」	**087-802-5566** メール：olive-support@ace.ocn.ne.jp （問い合わせのみ）
愛媛県	えひめ性暴力被害者支援センター 「ひめここ」	**089-909-8851**
高知県	性暴力被害者サポートセンターこうち	専用電話：**080-9833-3500** フリーダイヤル：**0120-835-350**
福岡県	性暴力被害者支援センター・ふくおか	**092-409-8100**
佐賀県	性暴力救援センター・さが 「さがmirai」	**0952-26-1750**
佐賀県	※佐賀県立男女共同参画センター・佐賀県立生涯学習センター（アバンセ）においても女性のための総合相談を受け付けています。	**0952-26-0018**（アバンセ）
長崎県	性暴力被害者支援「サポートながさき」 （公益社団法人長崎犯罪被害者支援センター）	**095-895-8856** メール：HP内の相談フォームから送信
熊本県	性暴力被害者のためのサポートセンター ゆあさいどくまもと	**096-386-5555** メール：support@yourside-kumamoto.jp
大分県	おおいた性暴力救援センター 「すみれ」	**097-532-0330** メール：HP内の相談フォームから送信
宮崎県	性暴力被害者支援センター 「さぽーとねっと宮崎」	**0985-38-8300** メール：HP内の相談フォームから送信
鹿児島県	性暴力被害者サポートネットワークかごしま「FLOWER」	**099-239-8787** メール：HP内の相談フォームから送信
沖縄県	沖縄県性暴力被害者ワンストップ支援センター「with you おきなわ」	**098-975-0166**

子どもの人権110番連絡先	法務局	**0120-007-110** （全国共通フリーダイヤル）
	東京弁護士会	**03-3503-0110**

全国の女性相談所一覧

2023年9月1日 現在

1/2

都道府県名	名　称	電話番号
北海道	北海道立女性相談援助センター	011-666-9955
青森県	青森県女性相談所	017-781-2000
岩手県	岩手県福祉総合相談センター	019-629-9610
宮城県	宮城県女性相談センター	022-256-0965
秋田県	秋田県子ども·女性·障害者相談センター	018-832-2534
山形県	山形県女性相談センター	023-627-1196
福島県	福島県女性のための相談支援センター	024-522-1010
茨城県	茨城県女性相談センター	029-221-4166
栃木県	栃木県とちぎ男女共同参画センター	028-665-8720
群馬県	群馬県女性相談センター	027-261-4466
埼玉県	埼玉県婦人相談センター	048-863-6060
千葉県	女性サポートセンター	043-206-8002
東京都	東京都女性相談センター	03-5261-3110
	東京都女性相談センター 多摩支所	042-522-4232
神奈川県	神奈川県立女性相談所	0570-550-594
新潟県	新潟県女性福祉相談所	025-381-1111
富山県	富山県女性相談センター	076-465-6722
石川県	石川県女性相談支援センター	076-223-8655
福井県	福井県総合福祉相談所	0776-24-6261
山梨県	山梨県女性相談所	055-254-8635
長野県	長野県女性相談センター	026-235-5710
岐阜県	岐阜県女性相談センター	058-213-2131
静岡県	静岡県女性相談センター	054-286-9217
愛知県	愛知県女性相談センター	052-962-2527

三重県	三重県女性相談所	059-231-5600
滋賀県	滋賀県中央子ども家庭相談センター	077-564-7867
京都府	京都府家庭支援総合センター	075-531-9600
大阪府	大阪府女性相談センター	06-6949-6022
兵庫県	兵庫県女性家庭センター	078-732-7700
奈良県	奈良県中央こども家庭相談センター	0742-22-4083
和歌山県	和歌山県子ども·女性·障害者相談センター	073-445-0793
鳥取県	鳥取県福祉相談センター	0857-27-8630
島根県	女性相談センター	0852-25-8071
	女性相談センター西部分室	0854-84-5661
岡山県	岡山県女性相談所	086-235-6060
広島県	広島県西部こども家庭センター	082-254-0391
山口県	山口県男女共同参画相談センター	083-901-1122
徳島県	徳島県中央こども女性相談センター	088-652-5503
	徳島県南部こども女性相談センター	0884-24-7115
	徳島県西部こども女性相談センター	0883.56.2109
香川県	香川県子ども女性相談センター	087.862-8861
愛媛県	福祉総合支援センター	089-927-1626
高知県	高知県女性相談支援センター	088-833-0783
福岡県	福岡県女性相談所	092-584-1266
佐賀県	佐賀県婦人相談所	0952-26-1212
長崎県	長崎こども·女性·障害者支援センター	095-846-0560
熊本県	熊本県女性相談センター	096-381-4454
大分県	大分県婦人相談所	097-544-3900
宮崎県	宮崎県女性相談所	0985-22-3858
鹿児島県	鹿児島県女性相談センター	099-222-1467
沖縄県	沖縄県女性相談所	098-854-1172

民間などの相談窓口

宮城	NPO法人 ハーティ仙台	022-274-1885 https://www.hearty-sendai.com
東京	一般社団法人 colabo（コラボ）	https://colabo-official.net/contact/
	性売買経験当事者ネットワーク 灯火（とうか）	https://touka-official.net/
	女性人権センター KEY	https://key-official.net
	公益社団法人 日本駆け込み寺	03-5291-5720 soudan@nippon-kakekomidera.jp
兵庫	特定非営利活動法人 性暴力被害者支援センター・ひょうご	06-6480-1155 https://1kobe.jimdofree.com

参考文献・ウェブサイト

◉参考文献

サバイバー　池袋の路上から生還した人身取引被害者
（マルセーラ・ロアイサ／著　岩﨑由美子、常盤未央子／翻訳　ころから）

道一つ越えたら崖っぷち
（ポムナル／著　アジュマブックス）

男が知るべき女のカラダ
（河野美香／著　講談社）

マンガでわかる! 28歳からのおとめカラダ大全
（高橋幸子／書　KADOKAWA）

ウェブサイト

GLOBAL NOTE　https://www.globalnote.jp
アディーレ法律事務所　https://adire.jp

クラミジア、カンジダ、エイズ、梅毒についての情報は次の団体のウェブサイトを参考
厚生労働省、政府広報オンライン、博愛医院、マイナビウーマン、ライフパートナー

プロフィール

つばき

公立高校卒業後、海外へ旅行し帰国後、団体職員を経て、リゾートホテルに勤務。職場のストレスが原因で借金が重なり、20代の時に水商売と性風俗で働く。2016年末に『サバイバー　池袋の路上から生還した人身取引被害者』（マルセーラ・ロアイサ、ころから）に強く共感し自身の経験の執筆を決意。2020年以後、ウェブデザインを学習し、現在は企業サイトの更新やコーディング業務に携わる。筆名は、韓国での性売買経験を手記にした『道一つ越えたら崖っぷち』（ポムナル、アジュマブックス）の著者名「春の日（ポムナル）」に対して、自身の心にはまだ春が来ておらず「心に冬が一生残り続けても、謙虚に咲き続けたい」ことから真冬に開花する椿（つばき）に決めた。

うなばらもも

幼少からイラストや漫画を手がける。

時給7000円のデリヘル嬢は80万円の借金を返せない。

24歳のつばきとフーゾクの世界

2024年 2月10日　初版発行
1500円＋税

著者・漫画原作　つばき
作画　うなばらもも
企画協力・編集　池田愛子
パブリッシャー　木瀬貴吉
装丁　安藤順

発行　ころから
〒114-0003 東京都北区豊島4-16-34-307
Tel 03-5939-7950
Mail　office@korocolor.com
Web-site http://korocolor.com

ISBN 978-4-907239-70-1
C0036
cosh